语文常识

选编

王力 ○ 著

长江出版传媒　长江文艺出版社

图书在版编目（ＣＩＰ）数据

语文常识选编 / 王力著. -- 武汉 ：长江文艺出版社，2021.2
ISBN 978-7-5702-1901-8

Ⅰ. ①语… Ⅱ. ①王… Ⅲ. ①汉语－基本知识 Ⅳ. ①H1

中国版本图书馆 CIP 数据核字(2020)第 217457 号

责任编辑：张远林　　　　　　　　　责任校对：毛　娟

封面设计：周佳　　　　　　　　　　责任印制：邱　莉　杨　帆

出版：长江出版传媒　长江文艺出版社

地址：武汉市雄楚大街 268 号　　　　邮编：430070

发行：长江文艺出版社

http://www.cjlap.com

印刷：武汉市首壹印务有限公司

开本：710 毫米×970 毫米　　　1/16　印张：14.25　　插页：1 页

版次：2021 年 2 月第 1 版　　　　2021 年 2 月第 1 次印刷

字数：210 千字

定价：36.00 元

目录
contents

上编 ◎

古 诗 词 常 识

第一章　关于诗词的一些基本概念

第一节　韵

韵是诗词格律的基本要素之一。诗人在诗词中用韵，叫作押韵。从《诗经》到后代的诗词，差不多没有不押韵的。民歌也没有不押韵的。在北方戏曲中，韵又叫辙，押韵叫合辙。

一首诗有没有韵，是一般人都觉察得出来的。至于要说明什么是韵，那却不太简单。但是，今天我们有了汉语拼音字母，对于韵的概念还是容易说明的。

诗词中所谓韵，大致等于汉语拼音中所谓韵母。大家知道，一个汉字用拼音字母拼起来，一般都有声母，有韵母。例如"公"字拼成 gōng，其中 g 是声母，ong 是韵母。声母总是在前面的，韵母总是在后面的。我们再看"东"dōng，"同"tóng，"隆"lóng，"宗"zōng，"聪"cōng 等，它们的韵母都是 ong，所以它们是同韵字。

凡是同韵的字都可以押韵。所谓押韵，就是把同韵的两个或更多的字放在同一位置上。一般总是把韵放在句尾，所以又叫"韵脚"。试看下面的一个例子：

　　　　茅檐常扫净无苔（tái）①，
　　　　花木成蹊手自栽（zāi）。

————————

①　·表示韵脚。下同。以下全书所引诗词原文皆依照王力先生原书底本，除极少数参照通行本略改外，其余一些与通行本不同之处，以遵照王力先生原文为主。

一水护田将绿遶，
两山排闼送青来（lái）。

——（宋）王安石《书湖阴先生壁》

这里"苔""栽"和"来"押韵，因为它们的韵母都是 ai。"遶"（绕）字不押韵，因为"遶"字拼起来是 rào，它的韵母是 ao，跟"苔""栽""来"不是同韵字。依照诗律，像这样的四句诗，第三句是不押韵的。

在拼音中，a、e、o 的前面可能还有 i, u, ü, 如 ia, ua, uai, iao, ian, uan, üan, iang, uang, ie, üe, iong, ueng 等，这种 i, u, ü 叫作韵头，不同韵头的字也算是同韵字，也可以押韵。例如：

昼出耘田夜绩麻（má），
村庄儿女各当家（jiā）。
童孙未解供耕织，
也傍桑阴学种瓜（guā）。

——（宋）范成大《四时田园杂兴》

"麻""家""瓜"的韵母是 a, ia, ua, 韵母虽不完全相同，但它们是同韵字，押起韵来是同样谐和的。

押韵的目的是为了声韵的谐和。同类的乐音在同一位置上的重复，这就构成了声音回环的美。

但是，为什么当我们读古人的诗的时候，常常觉得它们的韵并不十分谐和，甚至很不谐和呢？这是因为时代不同的缘故。语言发展了，语音起了变化，我们拿现代的语音去读它们，自然不能完全适合了。例如：

远上寒山石径斜（xié），
白云深处有人家（jiā）。
停车坐爱枫林晚，
霜叶红于二月花（huā）。

——（唐）杜牧《山行》

xié 和 jiā，huā 不是同韵字，但是，唐代"斜"字读是 siá（s 读浊音），和现代上海"斜"字的读音一样。因此，在当时是谐和的。又如：

> 嫁得瞿塘贾，
> 朝朝误妾期（qī）。
> 早知潮有信，
> 嫁与弄潮儿（ér）。
>
> —— （唐）李益《江南曲》

在这首诗里，"期"和"儿"是押韵的；按今天普通话去读，qī 和 ér 就不能算押韵了。如果按照上海的白话音念"儿"字，念如 ní 音（这个音正是接近古音的），那就谐和了。今天我们当然不可能（也不必要）按照古音去读古人的诗；不过我们应该明白这个道理，才不至于怀疑古人所押的韵是不谐和的。

古人押韵是依照韵书的。古人所谓"官韵"，就是朝廷颁布的韵书。这种韵书，在唐代，和口语还是基本上一致的；依照韵书押韵，也是比较合理的。宋代以后，语音变化较大，诗人们仍旧依照韵书来押韵，那就变为不合理的了。今天我们如果写旧诗，自然不一定要依照韵书来押韵。不过，当我们读古人的诗的时候，却又应该知道古人的诗韵。

第二节　四声

四声，这里指的是古代汉语的四种声调。我们要知道四声，必须先知道声调是怎样构成的。所以这里先从声调谈起。

声调，这是汉语（以及某些其他语言）的特点。语音的高低、升降、长短构成了汉语的声调，而高低、升降则是主要的因素。拿普通话的声调来说，共有四个声调：阴平声是一个高平调（不升不降叫平）；阳平声是一个中升调（不高不低叫中）；上声是一个低升调（有时是低平调）；去声是一个高降调。

古代汉语也有四个声调，但是和今天普通话的声调种类不完全一样。古代的四声是：

（1）平声。这个声调到后代分化为阴平和阳平。

（2）上声。这个声调到后代有一部分变为去声。

（3）去声。这个声调到后代仍是去声。

（4）入声。这个声调是一个短促的调子。现代江浙、福建、广东、广西、江西等处都还保存着入声。北方也有不少地方（如山西、内蒙古）保存着入声。湖南的入声不是短促的了，但也保存着入声这一个调类。北方的大部分和西南的大部分的口语里，入声已经消失了。北方的入声字，有的变为阴平，有的变为阳平，有的变为上声，有的变为去声。就普通话来说，入声字变为去声的最多，其次是阳平；变为上声的最少。西南方言（从湖北到云南）的入声字一律变成了阳平。

古代的四声高低升降的形状是怎样的，现在不能详细知道了。依照传统的说法，平声应该是一个中平调，上声应该是一个升调，去声应该是一个降调，入声应该是一个短调。《康熙字典》前面载有一首歌诀，名为《分四声法》：

平声平道莫低昂，

上声高呼猛烈强，

去声分明哀远道，

入声短促急收藏。

这种叙述是不够科学的，但是它也让我们知道了古代四声的大概。

四声和韵的关系是很密切的。在韵书中，不同声调的字不能算是同韵。在诗词中，不同声调的字一般不能押韵。

什么字归什么声调，在韵书中是很清楚的。在今天还保存着入声的汉语方言里，某字属某声也还相当清楚。我们特别应该注意的是一字两读的情况。有时候，一个字有两种意义（往往词性也不同），同时也有两种读音。例如"为"字，用作动词的时候解作"做"，就读平声（阳平）；用作介词的时候解作"因为""为了"，就读去声。在古代汉语里，这种情况比现代汉语多得多。现在试举一些例子：

骑，平声，动词，骑马；去声，名词，骑兵。

思，平声，动词，思念；去声，名词，思想，情怀。

誉，平声，动词，称赞；去声，名词，名誉。

污，平声，形容词，污秽；去声，动词，弄脏。

数，上声，动词，计算；去声，名词，数目，命运；入声（读如朔），形容词，频繁。

教，去声，名词，教化，教育；平声，动词，使，让。

令，去声，名词，命令；平声，动词，使，让。

禁，去声，名词，禁令，宫禁；平声，动词，堪，经得起。

杀，入声，及物动词，杀戮；去声（读如晒），不及物动词，衰落。

有些字，本来是读平声的，后来变为去声，但是意义、词性都不变。"望""叹""看"都属于这一类。"望"和"叹"在唐诗中已经有读去声的了，"看"字直到近代律诗中，往往也还读平声（读如刊）。在现代汉语里，除"看守"的"看"读平声以外，"看"字总是读去声了。也有比较复杂的情况：如"过"字用作动词时有平、去两读，至于用作名词，解作"过失"时，就只有去声一读了。

辨别四声，是辨别平仄的基础。

第三节　平仄

知道了什么是四声，平仄就好懂了。平仄是诗词格律的一个术语：诗人们把四声分为平仄两大类，平就是平声，仄就是上去入三声。仄，按字义解释，就是不平的意思。

凭什么来分平仄两大类呢？因为平声是没有升降的，较长的，而其他三声是有升降的（入声也可能是微升或微降），较短的，这样，它们就形成了两大类型。如果让这两类声调在诗词中交错着，那就能使声调多样化，而不至于单调。古人所谓"声调铿锵"，[①] 虽然有许多讲究，但是平仄谐和也是其中的一个重要因素。

平仄在诗词中又是怎样交错着的呢？我们可以概括为两句话：

（1）平仄在本句中是交替的；

---

① "铿锵"，音 kēng qiāng，乐器声。指官商协调。

（2）平仄在对句中是对立的。

这种平仄规则在律诗中表现得特别明显。

例如毛主席《长征》诗的第五、六两句：

金沙水拍云崖暖，
大渡桥横铁索寒。

这两句诗的平仄是：

平平｜仄仄｜平平｜仄，
仄仄｜平平｜仄仄｜平。

就本句来说，每两个字一个节奏。平起句平平后面跟着的是仄仄，仄仄后面
跟着的是平平，最后一个又是仄。仄起句仄仄后面跟着的是平平，平平后面
跟着的是仄仄，最后一个又是平。这就是交替。就对句来说，"金沙"对"大
渡"，是平平对仄仄，"水拍"对"桥横"，是仄仄对平平，"云崖"对"铁
索"，是平平对仄仄，"暖"对"寒"，是仄对平。这就是对立。

现在谈一谈我们怎样辨别平仄。

如果你的方言里是有入声的（譬如说，你是江浙人或山西人、湖南人、
华南人），那么，问题就很容易解决。在那些有入声的方言里，声调不止四
个，不但平声分阴阳，连上声、去声、入声，往往也都分阴阳。像广州入声
还分为三类。这都好办：只消把它们合并起来就是了，例如把阴平、阳平合
并为平声，把阴上、阳上、阴去、阳去、阴入、阳入合并为仄声，就是了。问
题在于你要先弄清楚自己方言里有几个声调。这就要找一位懂得声调的朋友
帮助一下。如果你在语文课上已经学过本地声调和普通话声调的对应规律，
已经弄清楚了自己方言里的声调，就更好了。

如果你是湖北、四川、云南、贵州和广西北部的人，那么，入声字在你的
方言里都归了阳平。这样，遇到阳平字就应该特别注意，其中有一部分在古代
是属于入声字的。至于哪些字属入声，哪些字属阳平，就只好查字典或韵书了。

如果你是北方人，那么，辨别平仄的方法又跟湖北等处稍有不同。古代

入声字既然在普通话里多数变了去声，去声也是仄声；又有一部分变了上声，上声也是仄声。因此，由入变去和由入变上的字都不妨碍我们辨别平仄；只有由入变平（阴平、阳平）才造成了辨别平仄的困难。我们遇着诗律上规定用仄声的地方，而诗人用了一个在今天读来是平声的字，引起了我们的怀疑，可以查字典或韵书来解决。

注意，凡韵尾是-n 或-ng 的字，不会是入声字。如果就湖北、四川、云南、贵州和广西北部来说，ai，ei，ao，ou 等韵基本上也没有入声字。

总之，入声问题是辨别平仄的唯一障碍。这个障碍是查字典或韵书才能消除的；但是，平仄的道理是很好懂的。而且，中国大约还有一半的地方是保留着入声的，在那些地方的人们，辨别平仄更是没有问题了。

第四节　对仗

诗词中的对偶，叫作对仗。古代的仪仗队是两两相对的，这是"对仗"这个术语的来历。

对偶又是什么呢？对偶就是把同类的概念或对立的概念并列起来，例如"抗美援朝"，"抗美"与"援朝"形成对偶。对偶可以句中自对，又可以两句相对。例如"抗美援朝"是句中自对，"抗美援朝，保家卫国"是两句相对。一般讲对偶，指的是两句相对。上句叫出句，下句叫对句。

对偶的一般规则，是名词对名词，动词对动词，形容词对形容词，副词对副词。仍以"抗美援朝，保家卫国"为例："抗""援""保""卫"都是动词相对，"美""朝""家""国"都是名词相对。实际上，名词还可以细分为若干类，同类名词相对被认为是工整的对偶，简称"工对"。这里"美"与"朝"都是专名，而且都是简称，所以是工对；"家"与"国"都是人的集体，所以也是工对。"保家卫国"对"抗美援朝"也算工对，因为句中自对工整了，两句相对就不要求同样工整了。

对偶是一种修辞手段，它的作用是形成整齐的美。汉语的特点特别适宜于对偶，因为汉语单音词较多，即使是复音词，其中的词素也有相当的独立性，容易造成对偶。对偶既然是修辞手段，那么，散文与诗都用得着它。例如《易经》说："同声相应，同气相求。"（《易·乾文言》）《诗经》说："昔我往矣，杨柳依依；今我来思，雨雪霏霏。"（《小雅·采薇》）这些对仗都是适应修辞的需要的。但是，律诗中的对仗还有它的规则，而不是像《诗经》那样随便的。这个规则是：

  （1）出句和对句的平仄是相对立的；
  （2）出句的字和对句的字不能重复①。

  因此，像上面所举《易经》和《诗经》的例子还不合于律诗对仗的标准。上面所举毛主席《长征》诗中的两句："金沙水拍云崖暖，大渡桥横铁索寒"，才是合于律诗对仗的标准的。

  对联（对子）是从律诗演化出来的，所以也要适合上述的两个标准。例如毛主席在《改造我们的学习》中，所举的一副对子：

    墙上芦苇，头重脚轻根底浅；
    山间竹笋，嘴尖皮厚腹中空。

这里上联（出句）的字和下联（对句）的字不相重复，而它们的平仄则是相对立的：

    仄仄平平，仄仄平平平仄仄；②
    平平仄仄，平平仄仄仄平平。

就修辞方面说，这副对子也是对得很工整的。"墙上"是名词带方位词，所对的"山间"也是名词带方位词。"根底"③是名词带方位词，所对的"腹中"也是名词带方位词。"头"对"嘴"，"脚"对"皮"，都是名词对名词。"重"对"尖"，"轻"对"厚"，都是形容词对形容词。"头重"对"脚轻"，"嘴尖"对"皮厚"，都是句中自对。这样句中自对而又两句相对，更显得特别工整了。

---

  ① 至少是同一位置上不能重复。例如"昔我往矣，杨柳依依；今我来思，雨雪霏霏"，出句第二字和对句第二字都是"我"字，那就是同一位置上的重复。
  ② 字外有圆圈的，表示可平可仄。
  ③ "根底"原作"根柢"，是平行结构。写作"根底"仍是平行结构。我们说是名词带方位词，是因为这里确是利用了"底"也可以作方位词来这一事实来构成对仗的。

第二章　近体诗

第一节　诗的种类

从格律上看，诗可分为古体诗与近体诗。古体诗又称古诗或古风；近体诗又称今体诗。从字数上看，有四言诗、五言诗、七言诗。唐代以后，四言诗很少见了。所以一般诗集只分为五言、七言两种。

（一）古体和近体

古体诗是依照古代的诗体来写的。在唐人看来，从《诗经》到南北朝的庾信，都算是古，因此，所谓依照古代的诗体，也就没有一定的标准。但是，诗人们所写的古体诗，有一点是一致的，那就是不受近体诗的格律束缚。我们可以说，凡不受近体诗格律束缚的，都是古体诗。

乐府产生于汉末，本来是配音乐的，所以称为"乐府"或"乐府诗"。这种乐府诗称为"曲""辞""歌""行"等。到了唐代以后，文人摹拟这种诗体而写成的古体诗，也叫"乐府"，但是已经不再配音乐了。由于隋唐时代逐渐形成了新音乐，后来又产生了配新音乐的歌词，叫作"词"。词大概产生于盛唐。在乐府衰微之后，词产生之前的一个过渡时期，配新乐曲的歌辞即采用近体诗。像王维的《渭城曲》、李白的《清平调》，都是近体诗的形式。关于近体诗，我们在下一节介绍。

（二）五言和七言

五言就是五个字一句，七言就是七个字一句。五言古诗简称五古，七言古诗简称七古；五言律诗简称五律，七言律诗简称七律；五言绝句简称五绝，七言绝句简称七绝。

古风分为五古、七古，这只是大致的分法。其实除了五言、七言之外，还有所谓杂言。杂言指的是长短句杂在一起，主要是三字句、五字句、七字句，其中偶然也有四字句、六字句以及七字以上的句子。杂言诗一般不另立一类，而只归入七古。甚至篇中完全没有七字句，只要是长短句，也就归入七古。这是习惯上的分类法，是没有什么理论依据的。

第二节　律诗

近体诗又名今体诗，它是和古体诗对立的。唐代以后，大约因为科举的关系，诗的形式逐渐趋于划一，对于平仄、对仗和诗篇的字数，都有很严格的规定。这种依照严格的规律来写出的诗，是唐以前所未有的，所以后世叫作近体诗。近体诗可以大致分为三种：（一）律诗；（二）排律；（三）绝句。现在我们分别加以叙述。

律诗的意义就是依照一定的格律来写成的诗。律诗的格律最主要的有两点：（一）尽量使句中的平仄相间，并使上句的平仄和下句的平仄相对（即相反）；（二）尽量多用对仗，除首两句和末两句外，总以对仗为原则。依照这两个要点看来，齐梁的诗已经渐渐和律诗接近了。例如：

> 乐宫多暇豫，望苑暂回舆。
> 鸣笳陵绝浪，飞盖历通渠。
> 桂亭花未落，桐门叶半疏。
> 荷风惊浴鸟，桥影聚行鱼。
> 日落含山气，云归带雨余。
>
> ——庾信《奉和山池》

若把第二三四行的任何一行删去，就很像初唐的一首五言律诗了。律诗分为五言律诗和七言律诗两种，现在分述如下。

（甲）五言律诗。——五言律诗除了平仄和对仗的规律之外，还有两个规律：

a. 每句五个字，每首八句，全首共四十个字。

b. 第一三五七句不入韵，第二四六八句入韵，这是正例；但首句亦有入韵者，这是变例。（这正变之分是从唐人五言律诗统计出来的，以多见者为正，少见者为变。）

下面试举几个实例来看：①

（子）首句不入韵者。

> 长歌游宝地，徙倚对珠林。
> 雁塔风霜古，龙池岁月深。
> 绀园澄夕霁，碧殿下秋阴。
> 归路烟霞晚，山蝉处处吟。
>
> ——沈佺期《游少林寺》

> 西陆蝉声唱，南冠客思侵。
> 那堪玄鬓影，来对白头吟。
> 露重飞难进，风多响易沉。
> 无人信高洁，谁为表予心。
>
> ——骆宾王《在狱咏蝉》

> 火树银花合，星桥铁锁开。
> 暗尘随马去，明月逐人来。
> 游妓皆秾李，行歌尽落梅。
> 金吾不禁夜，玉漏莫相催。
>
> ——苏味道《正月十五夜》

> 别业临青甸，鸣銮降紫霄。
> 长筵鹓鹭集，仙管凤凰调。
> 树接南山近，烟含北渚遥。

---

① 编者按，此书第二章、第三章、第四章、第五章中所举诗、词、曲实例并非全部依王力先生原书照录，有部分省略。

承恩咸已醉，恋赏未还镳。

——李峤《长宁公主东庄侍宴》

共有尊中好，言寻谷口来。
薜萝山径入，荷芰水亭开。
日气含残雨，云阴送晚雷。
洛阳钟鼓至，车马系迟回。

——杜审言《夏日过郑七山斋》

（丑）首句入韵者。

烽火照西京，心中自不平。
牙璋辞凤阙，铁骑绕龙城。
雪暗凋旗画，风多杂鼓声。
宁为百夫长，胜作一书生。

——杨炯《从军行》

戍鼓断人行，边秋一雁声。
露从今夜白，月是故乡明。
有弟皆分散，无家问死生。
寄书长不达，况乃未休兵。

——杜甫《月夜忆舍弟》

（乙）七言律诗。——七言律诗除了平仄和对仗的规律之外，也还有两个规律：

a. 每句七个字，每首八句，全首共五十六个字。

b. 第一二四六八句入韵，第三五七句不入韵，这是正例；但首句亦有不用韵者，这是变例。

下面试举几个实例来看：

（子）首句入韵者。

卢家少妇郁金香，海燕双栖玳瑁梁。
九月寒砧催木叶，十年征戍忆辽阳。
白狼河北音书断，丹凤城南秋夜长。
谁为含愁独不见，更教明月照流黄。

————沈佺期《古意》

东望望春春可怜，更逢晴日柳含烟。
宫中下见南山尽，城上平临北斗悬。
细草偏承回辇处，轻花故落舞筵前。
宸游对此欢无极，鸟弄歌声入管弦。

————苏颋《奉和春日幸望春宫应制》

江上巍巍万岁楼，不知经历几千秋。
年年喜见山长在，日日悲看水独流。
猿狄何曾离暮岭，鸬鹚空自泛寒洲。
谁堪登望云烟里，向晚茫茫作旅愁。

————王昌龄《万岁楼》

兵戈不见老莱衣，叹息人间万事非。
我已无家寻弟妹，君家何处访庭闱。
黄牛峡静滩声转，白马江寒树影稀。
此别应须各努力，故乡犹恐未同归。

————杜甫《送韩十四江东觐省》

（丑）首句不入韵者。

帝子远辞丹凤阙，天书遥借翠微宫。
隔窗云雾生衣上，卷幔山泉入镜中。
林下水声喧语笑，岩间树色隐房栊。
仙家未必能胜此，何事吹笙向碧空？

————王维《敕借岐王九成宫避暑应教》

岁暮阴阳催短景，天涯霜雪霁寒宵。

五更鼓角声悲壮，三峡星河影动摇。

野哭千家闻战伐，夷歌几处起渔樵。

卧龙跃马终黄土，人事音书漫寂寥。

——杜甫《阁夜》

五言律诗首句，和七言律诗首句恰恰相反：前者以不入韵为常，后者以入韵为常。但是，这两种相反的情形都各有其背景：五言诗自古是隔句为韵的，譬如古诗十九首的首句就都不入韵；七言诗在古代却是句句为韵的，唐人普通的七言诗虽已演变为隔句用韵，但是首句仍沿着古代入韵的遗规。依我们的大致的观察，五言的变例要比七言的变例多些。（五律首句入韵者比七律首句不入韵者多些。）

五律和七律中，都偶然有一种"三韵小律"。三韵就是六句（首句就是入韵也不计）。这样，五言小律就只有三十个字，七言小律就只有四十二个字。例如：

题是临池后，分从起草余。

兔尖针莫并，茧净雪难如。

莫怪殷勤谢，虞卿正著书。

——韩愈《李员外寄纸笔》

将军出使拥楼船，江上旌旗拂紫烟。

万里横戈探虎穴，三杯拔剑舞龙泉。

莫道词人无胆气，临行将赠绕朝鞭。

——李白《送羽林陶将军》

五律和七律之外，偶然又有些六言律诗，每首四十八个字。例如：

把酒留君听琴，难堪岁暮离心？

霜叶无风自落，秋云不雨空阴。

人愁荒村路细，马怯寒溪水深。

望断青山独立，更知何处相寻！

——卢纶《送万巨》

五七言三韵小律和六言律诗都是很罕见的形式，因为它们既然自成一格，不能不略为提及罢了。

在这里我们附带提及诗人们的几个术语。凡两句相配，叫作一"联"。譬如第一句和第二句叫作首联（在这种意义之下，不一定成为对仗才称为联）；第三句和第四句叫作颔联；第五句和第六句叫作颈联；第七句和第八句叫作尾联。每联的上句叫作"出句"；下句叫作"对句"。下文有时为方便起见，我们将应用这些术语。

第三节　排律

排律就是十句以上的律诗。它也是律诗之一种，本来不必自归一类；但为方便起见，也不妨如此分开。依常理推测，五言排律的起源应该是比普通的五律更早；因为律诗是由五言古诗逐渐演变而来，而五言古诗又多数是超过八句的。庾信《奉和山池》，已经很像排律；其实，在庾信以前，如谢灵运有些诗也已经和排律相类似了。例如：

朝旦发阳崖，景落憩阴峰。舍舟眺迥渚，停策倚茂松。侧径既窈窕，环洲亦玲珑。俯视乔木杪，仰聆大壑淙。石横水分流，林密蹊绝踪。解作竟何感？升长皆丰容。初篁苞绿箨，新蒲含紫茸。海鸥戏春岸，天鸡弄和风。抚化心无厌，览物眷弥重。不惜去人远，但恨莫与同。孤游非情叹，赏废理谁通！

——谢灵运《于南山往北山经湖中瞻眺》

但是，相类似并不就是相同。这一首谢诗因为差不多处处对仗，所以像排律（排律就是一直排比下去的意思，只有末两句不必用对仗，首两句也偶然可以不对）；但是因为不合近体诗的平仄，所以到底不能认为是排律。总之，排律就是普通律诗的延长，它的一切规律都应该以普通律诗为标准，掌握了普通律诗就容易掌握排律。

关于排律的韵数，普通总喜欢用整数，例如十韵，二十韵，三十韵，四十韵，五十韵，六十韵等；六十韵以上，往往索性凑成一百韵（二百句，一千字）。单就这一种求整齐的风气而论，也是五言古诗所没有的。以下通过一些典型例子来认识排律。

> 上客能论道，吾生学养蒙。贫交世情外，才子古人中。冠上方簪豸，车边已画熊。拂衣迎五马，垂手凭双童。花醥和松屑，茶香透竹丛。薄霜澄夜月，残雪带春风。古壁苍苔黑，寒山远烧红。眼看东候别，心事北川同。为学轻先辈，何能访老翁？欲知今日后，不乐为车公。
>
> ——王维《河南严尹弟见宿弊庐访别人赋十韵》

> 凤历轩辕纪，龙飞四十春。八荒开寿域，一气转洪钧。霖雨思贤佐，丹青忆旧臣。应图求骏马，惊代得麒麟。沙汰江河浊，调和鼎鼐新。韦贤初相汉，范叔已归秦。盛世今如此，传经固绝伦。豫樟深出地，沧海阔无津。北斗司喉舌，东方领缙绅。持衡留藻鉴，听履上星辰。独步才超古，余波德照邻。聪明过管辂，尺牍倒陈遵。岂是池中物？由来席上珍。庙堂知至理，风俗尽还淳。才杰俱登用，愚蒙但隐沦。长卿多病久，子夏索居频。回首驱流俗，生涯似众人。巫咸不可问，邹鲁莫容身。感激时将晚，苍茫兴有神。为公歌此曲，涕泪在衣巾。
>
> ——杜甫《上韦左相二十韵》

> 昔罢河西尉，初兴蓟北师。不才名位晚，敢恨省郎迟。扈圣崆峒日，端居滟滪时。萍流仍汲引，樗散尚恩慈。遂阻云台宿，常怀湛露诗。翠华森远矣，白首飒凄其。拙被林泉滞，生逢酒赋欺。文园终寂寞，汉阁自磷缁。病隔君臣议，惭纡德泽滋。扬镳惊主辱，拔剑拨年衰。社稷经纶地，风云际会期。血流纷在眼，涕洒乱交颐。四渎楼船泛，中原鼓角悲。贼壕连白翟，战瓦落丹墀。先帝严灵寝，宗臣切受遗。恒山犹突骑，辽海竟张旗。田父嗟胶漆，行人避蒺藜。总戎存大体，降将饰卑词。楚贡何年绝，尧封旧俗疑。长吁翻北寇，一望卷西夷。不必陪玄圃，超然待具茨。凶兵铸农器，讲殿辟书帷。庙算高难测，天忧实在兹。形容真

潦倒，答效莫支持。使者分王命，群公各典司。恐乖均赋敛，不似问疮痍。万里烦供给，孤城最怨思。绿林宁小患，云梦欲难追。即事须尝胆，苍生可察眉。议堂犹集凤，正观是元龟。处处喧飞檄，家家急竞锥。萧车安不定，蜀使下何之。钓濑疏坟籍，耕岩进弈棋。地蒸馀破扇，冬暖更纤絺。豺遘哀登楚，麟伤泣象尼。衣冠迷适越，藻绘忆游睢。赏月延秋桂，倾阳逐露葵。大庭终反朴，京观且僵尸。高枕虚眠昼，哀歌欲和谁。南宫载勋业，凡百慎交绥。

——杜甫《夔府书怀四十韵》

当然也有些排律的韵不是整数的，例如刘禹锡《送陆侍御归淮南使府》用五韵，杜甫《风疾舟中伏枕书怀》用三十六韵，元稹《泛江玩月》用十二韵，《和东川李相公》用十六韵，《酬段丞与诸棨流会宿弊居见赠》用二十四韵，等等。但这些到底占少数，而且像三十六和二十四之类，在古人的心目中仍旧是另一类的整数。有人误会，以为凡在题目上写明韵数的就是排律。其实像杜甫的《奉赠韦左丞丈二十二韵》，柳宗元的《游南亭夜还叙志七十韵》，白居易的《游悟真寺诗一百三十韵》等等，都是"古风"，不是排律。

自中唐以后，试帖诗都是五言排律，而且都是限定用十二句的。例如：

御苑春何早，繁华已绣林！
笑迎明主仗，香拂美人簪。
地接楼台近，天垂雨露深。
晴光来戏蝶，夕景动栖禽。
欲托凌云势，先开捧日心。
方知桃李树，从此别成阴。

——崔护《赋得花发上林》

与月转鸿濛，扶疏万古同。
根非生下土，叶不坠秋风。
结蕊圆时足，低枝缺处空。
影超群木外，香满一轮中。

　　未种丹霄日，应虚白兔宫。

　　如何同片玉，散植在堂东。

——张乔《华州试月中桂》

五言排律也像五言律诗，首句以不入韵为正例，入韵为变例。但是，其变例比五言律诗的变例更少。

　　就通常说，排律只限于五言。有人把杜甫的《寄岑嘉州》认为七言排律（见董文涣《声调四谱图说》）：

　　不见故人十年余，不道故人无素书。

　　愿逢颜色关塞远，岂意出守江城居。

　　外江三峡且相接，斗酒新诗终自疏。

　　谢朓每篇堪讽咏，冯唐已老听吹嘘。

　　泊船秋夜经春草，伏枕青枫限玉除。

　　眼前所寄选何物，赠子云安双鲤鱼。

这是一种误解。《寄岑嘉州》的对仗虽颇像排律，却没有排律的对仗那样工整。最重要的是它的平仄和律诗的平仄不合，所以它只是一首七言的"古风"。不过，真正的七言排律也并不是没有，杜甫本人就有两首，兹录一首（另一首为《寒雨朝行视园树》）：

　　台州地阔海冥冥，云水长和岛屿青。乱后故人双别泪，春深逐客一浮萍。酒酣懒舞谁相拽？诗罢能吟不复听。第五桥东流恨水，皇陂岸北结愁亭。贾生对鹏伤王傅，苏武看羊陷贼庭。可念此翁怀直道，也沾新国用轻刑。祢衡实恐遭江夏，方朔虚传是岁星。穷巷悄然车马绝，案头干死读书萤！

——杜甫《题郑十八著作虔》

到了中唐（约在公元七八〇至八四〇），白居易和元稹也有七言排律。例如：

烟渚云帆处处通，飘然舟似入虚空。玉杯浅酌巡初匝，金管徐吹曲未终。黄夹缬林寒有叶，碧琉璃水净无风。避旗飞鹭翩翩白，惊鼓跳鱼拨剌红。涧雪压多松偃蹇，岩泉滴久石玲珑。书为故事留湖上，吟作新诗寄浙东。军府威容从道盛，江山气色定知同。报君一事君应羡，五宿澄波皓月中。

——白居易《泛太湖书事寄微之》

知君夜听风萧索，晓望林亭雪半糊。撼落不教封柳眼，扫来偏尽附梅林。敲扶密竹枝犹亚，煦暖寒禽气渐苏。坐觉湖声迷远浪，回惊云路在长途。钱塘湖上蘋先合，梳洗楼前粉暗铺。石立玉童披鹤氅，台施瑶席换龙须。满空飞舞应为瑞，寡和高歌只自娱。莫遣拥帘伤思妇，且将盈尺慰农夫。称觞彼此情何异，对景东西事有殊。镜水绕山山尽白，琉璃云母世间无。

——元稹《酬乐天雪中见寄》

山容水态使君知，楼上从容万状移。日映文章霞细丽，风驱鳞甲浪参差。鼓催潮户凌晨击，笛赛婆官彻夜吹。唤客潜挥远红袖，卖垆高挂小青旗。剩铺床席春眠处，乍卷帘帷月上时。光景无因将得去，为郎抄在和郎诗。

——元稹《和乐天重题别东楼》

但是，在元白诗集中，七言排律也只占极小的部分。（白氏尤少。）因此，许多分类的诗选总集里只有五言排律，没有七言排律的类目。

近代的文人"联句"，多喜欢联成长篇的排律。（当然是五言的。）相传联句始于柏梁诗，唐中宗景龙三年也模仿柏梁，君臣联句。（那些却是七言。）那时是每人一句的。近代的联句颇有不同：第一个人先说第一句，以后每人说两句（例如第二第三两句），最后的人说一个单句作收。这样，后面的人所说的要和前面的人所说的成为对仗，更见巧思。

第四节　绝句

绝句字数恰等于律诗的一半：律诗八句，绝句只有四句。这样，五言绝句共是二十个字；七言绝句共是二十八个字。例如：

> 岭外音书断，经冬复历春。
> 近乡情更怯，不敢问来人。
>
> ——宋之问《渡汉江》

> 谁家玉笛暗飞声？散入东风满洛城。
> 此夜曲中闻折柳，何人不起故园情。
>
> ——李白《春夜洛阳闻笛》

"绝句"的意义，不像"律诗"的意义那样易于索解。关于绝句的起源，也有各种不同的看法。譬如《岘佣说诗》以为：

> 绝句，盖截律诗之半：或截首尾两联，或截前半首，或截中二联而成。(《带经堂诗话》有类似的说法。)

这是说"绝"者"截"也，所以，"绝句"又称为"截句"，它是产生在律诗之后的。但是《声调四谱》却说：

> 绝句之名，唐以前即有之。徐东海撰《玉台新咏》，别为一卷，实古诗之支派也。至唐而法律愈严；不惟与律体异，即与古体亦不同。或称"截句"，或称"断句"（力按，或又称"短句"）。世多谓分律诗之半即为绝句，非也。盖律由绝而增，非绝由律而减也。绝句云者：单句为句，句不能成诗；双句为联，联则生对；双联为韵，韵则生黏；句法平仄各不相重，无论律古，黏对联韵必四句而后备，故谓之"绝"。由此递增，虽至百韵可也；而断无可减之理。

这是说减至无可再减就叫作"绝句"，它是产生在律诗之前的。我们对于这相反的两说，都不能完全赞同；但是我们倾向于采用前一说。现在先依照"分律诗之半即为绝句"这个说法，把绝句分析一番，然后说明我们所持的理由。

关于《岘佣说诗》的话，我们想加上"或截后半首"一句，因为那也是实际上有的。这样，我们可以把绝句分为四类：

（一）截取律诗的首尾两联的；

（二）截取律诗的后半首的；

（三）截取律诗的前半首的；

（四）截取律诗的中两联的。

第一类的绝句最为常见：律诗的首尾两联都可以不用对仗，而绝句正是不用对仗者居多，尤其是七绝。第二第四两类次之，第三类最少。此外，为什么不可以截取第一第三两联，或第二第四两联呢？这些本来也是可能的；但是，依照近体诗的平仄规律而论，这样就会变为"失黏"。除非不顾失黏，才可以这样做；原则上这是应该避免的。现在分别举例如下：

（一）截取律诗的首尾两联而成的（全首不用对仗）。

（甲）五绝。

山中多法侣，禅诵自为群。
城郭遥相望，唯应见白云。

——王维《山中寄诸弟妹》

诸侯分楚郡，饮饯五溪春。
山水清晖远，俱怜一逐臣。

——王昌龄《武陵田太守席送司马卢谿》

（乙）七绝。

萧条独向汝南行，客路多逢汉骑营。
古木苍苍离乱后，几家同住一孤城！

——刘长卿《新息道中作》

昨夜秋风入汉关，朔云边月满西山。
更催飞将追骄虏，莫遣沙场匹马还。

——严武《军城早秋》

百战沙场碎铁衣，城南已合数重围。
突营射杀呼延将，独领残兵千骑归。

—— 李白《从军行》

危冠广袖楚宫妆，独步闲庭逐夜凉。
自把玉钗敲砌竹，清歌一曲月如霜。

——高适《听张立本女吟》

注意：这一类以七绝为较多；因为五绝首句以不入韵为正例（见下文），而其首联又是以用对仗为较常见的。

（二）截取律诗的后半首而成的（首联用对仗）。
（甲）五绝。

万里人南去，三春雁北飞。
未知何岁月，得与尔同归。

——韦承庆《南行别弟》

日暮苍山远，天寒白屋贫。
柴门闻犬吠，风雪夜归人。

——刘长卿《逢雪宿芙蓉山主人》

众鸟高飞尽，孤云独去闲，
相看两不厌，惟有敬亭山。

——李白《独坐敬亭山》

功盖三分国，名成八阵图。

江流石不转，遗恨失吞吴。

——杜甫《八阵图》

（乙）七绝。

图画风流似长康，文词体格效陈王。
蓬莱对去归常晚，丛竹闲飞满夕阳。

——李嘉祐《访韩司空不遇》

远壁秋声虫络丝，入檐新影月低眉。
床帷半故帘旌断，仍是初寒欲夜时。

——白居易《旧房》

注意：这一类以五绝为较多；因为七绝首句以入韵为正例（见下文），而其首联又是以不用对仗为正例的。

（三）截取律诗前半首而成的（末联用对仗）。
（甲）五绝。

九日龙山饮，黄花笑逐臣。
醉看风落帽，舞爱月留人。

——李白《九日龙山饮》

翻经人已去，谁为立幽亭？
一望野云白，半藏山骨青。

——郭祥正《客儿亭》

（乙）七绝。

春水初生乳燕飞，黄蜂小尾扑花归。
窗含远色通书幌，鱼拥香钩近钓矶。

——李贺《南园》

注意：这一类五绝和七绝都颇为罕见。

（四）截取律诗的中两联而成的（全首用对仗）：
（甲）五绝。

> 州县才难适，云山道欲穷。
> 揣摩惭黠吏，栖隐谢愚公。

——高适《封丘作》

> 迟日江山丽，春风花草香。
> 泥融飞燕子，沙暖睡鸳鸯。

——杜甫《绝句二首（录一）》

> 落日松风起，还家草露稀。
> 云光侵履迹，山翠拂人衣。

——王维《华子冈》

> 白日依山尽，黄河入海流。
> 欲穷千里目，更上一层楼。

——王之涣《登鹳雀楼》

（乙）七绝。

> 踏阁攀林恨不同，楚云沧海思无穷。
> 数家砧杵秋山下，一郡荆榛楚雨中。

——韦应物《登楼寄王卿》

> 萧关陇水入官军，青海黄河卷塞云。
> 北极转愁龙虎气，西戎休纵犬羊群！

——杜甫《喜闻盗贼蕃寇总退》

注意：在这一类中，五绝颇为常见，其数量差不多和第二类的五绝相等；

七绝较为少见。有些七绝属于这一类的，首句便不入韵（见下文）。

　　五绝的首句也像五律的首句一样，以不入韵为正例，所以较宜于对仗，而第二类和第四类的五绝比七绝较多（因为这两类的首联是用对仗的），本节上面所举的五绝，都是正例；这里我们试举两个首句入韵的变例来看：

> 月黑雁飞高，单于远遁逃。
> 欲将轻骑逐，大雪满弓刀。
>
> ——卢纶《塞下曲》

> 八月边风高，胡鹰白锦毛。
> 孤飞一片雪，百里见秋毫。
>
> —— 李白《观放白鹰》

　　七绝的首句也像七律的首句一样，以入韵为正例，不入韵为变例。不过，七绝的变例比五绝的变例较多。这因为绝句虽不一定要用对仗，但当其用对仗的时候，总喜欢用于首联（第二第四两类）；若首句入韵，则为韵所拘，对仗不容易，所以大家倾向于不使首句入韵。例如：

> 岐王宅里寻常见，崔九堂前几度闻。
> 正是江南好风景，落花时节又逢君。
>
> ——杜甫《江南逢李龟年》

> 宿昔朱颜成暮齿，须史白发变垂髫。
> 一生几许伤心事，不向空门何处销？
>
> ——王维《叹白发》

> 蓝桥春雪君归日，秦岭秋风我去时。
> 每到驿亭先下马，循墙绕柱觅君诗。
>
> ——白居易《蓝桥驿见元九诗》

（以上属第二类。）

江月去人只数尺，风灯照夜欲三更。
沙头宿鹭联拳静，船尾跳鱼拨剌鸣。

——杜甫《漫成》

金杯缓酌清歌转，画舸轻移艳舞回。
自叹鹡鸰临水别，不同鸿雁向池来。

——王维《灵云池送从弟》

蜀国曾闻子规鸟，宣城还见杜鹃花。
一叫一回肠一断，三春三月忆三巴。

——李白《宣城见杜鹃花》

（以上属第四类。）

偶然也有不因对仗，而首句亦不入韵者，但比较起来少得多了。例如：

独在异乡为异客，每逢佳节倍思亲。
遥知兄弟登高处，遍插茱萸少一人。

——王维《九月九日忆山东兄弟》

石榴未坼梅犹小，爱此山花四五株。
斜日庭前风袅袅，碧油千片漏红珠。

——张祜《樱桃》

现在我们回到刚才保留下来的问题：到底绝句先于律诗呢，还是后于律诗呢？解决了这先后的问题，"绝"字的意义也就容易决定了。依我们的意见，绝句应该分为古体绝句和近体绝句两种：

（一）古体绝句产生在律诗之前，有平韵，有仄韵（仄韵也许比较多些），句中的平仄不受律诗平仄规律的限制。

（二）近体绝句产生在律诗之后，在原则上只用平韵（仄韵罕见），句中的平仄受律诗平仄规律的限制。

由此看来，古体绝句只是最简短的古诗；唐以后的诗人依照古体所作的绝句，可以称为短篇的"古风"，亦称"古意"。依孙楷第先生的说法，绝句最初只是乐府的一解。一篇乐府有若干解，现在只取一解，所以谓之绝句（《学原》第一卷四期）。至于近体绝句，则显然受了律诗的深切影响。姑勿论"绝"字的原意是否"截取半首"的意思，至少唐以后的诗人有这样的一个感觉。

实际上，近体诗和古体诗的界限是相当清楚的；但若不认清近体诗的主要条件，就把那界限泯没了。这主要条件就是它那平仄的严格的规律。譬如"古风"也常有对仗，但若不依近体诗的平仄，就不能认为"排律"。还有最严重的一种误解，就是为字数所迷惑，例如看见八句四十字就认为五律，五十六字就认为七律。其实四十字的五古和五十六字的七古也未尝不可能。同理，我们不要看见了二十个字就归入近体诗的五绝，二十八个字就归入近体诗的七绝；有些却是应该归入"古风"里去的。譬如杜诏《中晚唐诗叩弹集》就把孟郊的《古怨》归入古风：

> 试妾与君泪，两处滴池水。
> 看取芙蓉花，今年为谁死？

这是完全合理的。只有这样，才省去许多葛藤。

《声调四谱》把绝句分为三种：（一）律绝；（二）古绝；（三）拗绝。其所谓"拗绝"，实在就是失黏失对的"古绝"，和失黏失对的"律绝"，所以实际上只能分"律绝"和"古绝"两种。这种分法，与我们所分的两类（古体绝句和近体绝句）是一样的。所可惜者，著者坚持绝句产生在律诗之前，却没有说明"古绝"虽先于律诗，"律绝"却后于律诗。但是他说："至唐而法律愈严"。其实这"法律愈严"就是由古绝转到律绝的枢纽。

绝句虽可分为古体和近体两种，但是，既然普通都把它归入近体，我们就不妨从权，把近体绝句简称为绝句；至于古体绝句，我们索性就把它归入古风，不为它另立名目了。

第五节　近体诗的用韵

　　唐宋诗人用韵所根据的韵书是《切韵》或《唐韵》，凡韵书中注明"同用"的韵就可以认为同韵；到了元末，索性把同用的韵归并起来，稍加变通，成为一百〇六个韵。这一百〇六个韵就是后代所谓平水韵，也就是明清时代普通所谓"诗韵"。由此看来，若说唐宋诗人用韵是依照平水韵的，虽然在历史上说不过去，而在韵部上却大致不差。现在我们就把这一百〇六个韵列表于下，并附注着《唐韵》原来的韵目：

平声

上平一东_东	二冬_{冬钟}	三江_江	四支_{支脂之}
五微_微	六鱼_鱼	七虞_{虞模}	八齐_齐
九佳_{佳皆}	十灰_{灰咍}	十一真_{真谆臻}	十二文_{文欣}
十三元_{元魂痕}	十四寒_{寒桓}	十五删_{删山}	
下平一先_{先仙}	二萧_{萧宵}	三肴_肴	四豪_豪
五歌_{歌戈}	六麻_麻	七阳_{阳唐}	八庚_{庚耕清}
九青_青	十蒸_{蒸登}	十一尤_{尤侯幽}	十二侵_侵
十三覃_{覃谈}	十四盐_{盐添严}	十五咸_{咸衔凡}	

上声

一董_董	二肿_肿	三讲_讲	四纸_{纸旨止}
五尾_尾	六语_语	七麌_{麌姥}	八荠_荠
九蟹_{蟹骇}	十贿_{贿海}	十一轸_{轸准}	十二吻_{吻隐}
十三阮_{阮混很}	十四旱_{旱缓}	十五潸_{潸产}	十六铣_{铣狝}
十七筱_{筱小}	十八巧_巧	十九皓_皓	二十哿_{哿果}
廿一马_马	廿二养_{养荡}	廿三梗_{梗耿静}	廿四迥_{迥拯等}
廿五有_{有厚黝}	廿六寝_寝	廿七感_{感敢}	廿八俭_{琰忝俨}
廿九豏_{豏槛范}			

去声

一送 送　　二宋 宋用　　三绛　　四置 置至志

五未 未　　六御 御　　七遇 遇暮　　八霁 霁

九泰 泰　　十卦 封怪夬　　十一队 队代废　　十二震 震稕

十三问 问焮　　十四愿 愿恩恨　　十五翰 翰换　　十六谏 谏裥

十七霰 霰线　　十八啸 啸笑　　十九效 效　　二十号 号

廿一个 个过　　廿二祃 祃　　廿三漾 漾宕　　廿四敬 映诤劲

廿五径 径证嶝　　廿六宥 宥候幼　　廿七沁 沁　　廿八勘 阚

廿九艳 艳桥酽　　三十陷 陷鉴梵

入声

一屋 屋　　二沃 沃烛　　三觉 觉　　四质 质术栉

五物 物迄　　六月 月没　　七曷 曷末　　八黠 黠鎋

九屑 屑薛　　十药 药铎　　十一陌 陌麦昔　　十二锡 锡

十三职 职德　　十四缉 缉　　十五合 合盍　　十六叶 叶怗业　　十七洽 洽狎乏

关于某字归某韵，现在除了硬记之外，没有妥善的办法可以知道。但是，有一个方法可以帮助记忆，就是记取字的声符（谐声偏旁）。譬如你知道了"今"字在侵韵，那么，凡从"今"得声的字，如"吟、琴、衾"等，也该都在侵韵。由此类推，咱们可以知道，"饥""饥"不同韵：因为从"几"得声的"肌"在支韵，所以"饥"也该在支韵，因为从"幾"得声的"机""矶"在微韵，所以"饥"该在微韵。不过这种类推法也不能百发百中，譬如"庐""胪""驴"在鱼韵，而"卢""炉""芦""鲈""轳""泸"在虞韵；"才""财""材""孩""该"在灰韵而"豺""豺"在佳韵，这些仍旧是要靠硬记的。

《广韵》里的和蒸登相配的上声拯等被后人并入迥韵，去声证嶝被后人并入径韵，这是很不合理的。但是，因为近体诗很少用仄韵，所以没有大关系。只与平声欣韵，在《唐韵》里本来注明是独用的，并未认为可以与文韵同用。（这是依照戴东原的考证，现在我们看见的《广韵》则注为同用。）中唐以前（约在公元七八〇年以前），诗人因为欣韵字少，大约又因为它的声音和真韵较近，所以往往把它和真韵同用。（注意，当时并不和文韵同用。）欣韵常用字有"欣""殷""勤""芹""斤""筋""垠""狺"等，试看下面的两个例子：

> 爱汝玉山草堂静，高秋爽气相鲜新。
> 有时自发钟磬响，落日更见渔樵人。
> 盘剥白鸦谷口栗，饭煮青泥坊底芹。
> 何为西庄王给事，柴门空闭锁松筠。
>
> ——杜甫《崔氏东山草堂》

> 小儿弄笔不能嗔，浣壁书窗且当勤。
> 闻彼梦熊犹未兆，女中谁是卫夫人。
>
> ——刘禹锡《答前篇》

大约在晚唐以后，欣韵渐渐游移于真文之间，最后由于《广韵》里的次序是欣近于文，就混入文韵了。

近体诗的用韵甚严，无论绝句、律诗、排律，必须一韵到底，而且不许通韵。各韵所包括的字数很不相称，有些韵很宽，有些韵很窄。字数多的叫宽韵，字数少的叫窄韵。宽韵如支韵、真韵、先韵、阳韵、庚韵、尤韵等，窄韵如江韵、佳韵、肴韵、覃韵、盐韵、咸韵等。窄韵的诗是比较少见的。

宽韵可以很自由，窄韵就会令人受窘；但是，有文才的人有时候却故意用窄韵来显本领。依宽窄的程度而论，诗韵大约可分为四类，如下（举平韵以包括仄韵）：

（1）宽韵：
　　支　先　阳　庚　尤　东　真　虞
（2）中韵：
　　元　寒　鱼　萧　侵　冬　灰　齐　歌　麻　豪
（3）窄韵：
　　微　文　删　青　蒸　覃　盐
（4）险韵：
　　江　佳　肴　咸

这种分类自然带有多少武断性，未必能得人人的同意。再者，像微文删三韵，字数虽少，却是非常的合用，所以诗人很喜欢用它们。

"出韵"是近体诗的大忌；宁可避免险韵，决不能让它出韵。《红楼梦》第四十八回说：

> 探春隔窗笑道："菱姑娘，你闲闲罢。"香菱怔怔答道："闲字是十五删的，错了韵了。"

从前的人确受这种严格的拘束。科场中，诗出了韵（又称"落韵"），无论诗意怎样高超，只好算是不及格。现在我们试举几个险韵诗的例子；险韵也不能出韵，其他的韵可想而知了。例如：

（一）江韵

> 对月那无酒，登楼况有江。
> 听歌惊白发，笑舞拓秋窗。
> 尊蚁添相续，沙鸥并一双。
> 尽怜君醉倒，更觉片心降。
>
> ——杜甫《季秋苏五弟江楼夜宴》

> 连璧本难双，分符刺小邦。
> 崩云下漓水，劈箭上浮江。
> 负弩啼寒狖，鸣枹惊夜狵。
> 遥怜郡山好，谢守但临窗。
>
> ——柳宗元《答刘连州邦字》

（注意：勿与阳韵混。）

（二）佳韵

> 郊原飞雨至，城阙湿云埋。
> 迸点时穿牖，浮沤欲上阶。
> 偏滋解箨竹，并洒落花槐。
> 晚润生琴匣，新凉满药斋。

从容朝务退，放旷披曹乖。

尽日无来客，闲吟感此怀。

————张籍《和李仆射雨中寄卢严二给事》

风弄花枝月照阶，醉和春睡倚香怀。

依稀似觉双环动，潜被萧郎卸玉钗。

————元稹《襄阳为卢窦纪事》

（注意：勿与灰韵混。）

（三）肴韵

背郭堂成荫白茅，缘江路熟俯青郊。

桤林碍日吟风叶，笼竹和烟滴露梢。

暂止飞乌将数子，频来语燕定新巢。

旁人错比扬雄宅，懒惰无心作解嘲。

————杜甫《堂成》

此堂存古制，城上俯江郊。落构垂云雨，荒阶蔓草茅。

柱穿蜂溜蜜，栈缺燕添巢。坐接春杯气，心伤艳蕊梢。

英灵如过隙，宴衍愿投胶。莫问东流水，生涯未即抛。

————杜甫《陪诸公上白帝城头宴越公堂之作》

（四）咸韵

炉峰绝顶楚云衔，楚客东归栖此岩。

彭蠡湖边香橘柚，浔阳郭外暗枫杉。

青山不断三湘道，飞鸟空随万里帆。

常爱此中多胜事，新诗他日仔开缄。

————刘长卿《送孙逸归庐山得帆字》

同宿高斋换时节，共看移石复栽杉。

送君江浦已惆怅，更上西楼看远帆。

——韦应物《送王校书》

（注意：原则上咸韵不应与覃盐相通；至于元寒删先四韵，则绝对不能与咸韵同用。）

盛唐（约在公元七一三至七七九）以前，除上面所说欣韵的情形之外，近体诗绝对不出韵；中唐（约在公元七八○至八四○）以后，偶然不免有出韵的情形。例如：

汉家天马出蒲梢，首蓿榴花遍近郊。
内苑只知含凤嘴，属车无复插鸡翘。
玉桃偷得怜方朔，金屋妆成贮阿娇。
谁料苏卿老归国，茂陵松柏雨萧萧。

——李商隐《茂陵》

（"梢""郊"属肴，"翘""娇""萧"属萧。）

曾作关中客，频经伏毒岩。
晴烟沙苑树，晚日渭川帆。
昔是青春貌，今悲白雪髯。
郡楼空一望，含意卷高帘。

——刘禹锡《贞元中侍郎舅氏》

（前半首用咸韵；后半首用盐韵。）

他如杜牧《题木兰庙》以"儿""眉""妃"为韵（支微），李商隐《无题》以"重""缝""通""红""风"为韵（冬东），李远《游故王驸马池亭》以"珑""通""风""红""浓"为韵（东冬），曹唐《小游仙诗》以"飞""稀""诗"为韵（微支），崔珏《水精枕》以"冰""胜""簪""凝""襟"为韵（蒸侵），司空图《杨柳枝寿宫词》以"帘""函""衫"为韵（盐覃咸），刘兼《蜀都春晚感怀》以"披""追""泥""堤""啼"为韵（支齐）。宋人也偶然有出韵的例子：

绕郭云烟匝几重，昔年曾此感"怀嵩"。
霜林落后山争出，野菊开时酒正浓。
解带西风吹画角，倚栏斜日照青松。
会须乘醉携嘉客，踏雪来看群玉峰。

——欧阳修《怀嵩楼新开南轩》

（"重""浓""松""峰"皆属冬韵，而"嵩"却属东韵。）

微官共有田园兴，老罢方寻退隐庐。
栽种成阴十年事，仓黄求买万金无。
先生卜筑临清济，乔木如今似画图。
邻里亦知偏爱竹，春来相与护龙雏。

——苏轼《傅尧俞济源草堂》

（"无""图""雏"皆属虞韵，而"庐"却属鱼韵。）

这还可以说是用"古风"的宽韵来写律诗（苏轼这首诗可认为古风式的律诗）；至于像下面这两首的用韵，就嫌太离绳墨了：

战国苍茫难重寻，此中踪迹想知音。
强停别骑山花晓，欲吊遗墟野草深。
浮世近来轻骏骨，高台何处有黄金？
思量郭隗平生事，不殉昭王是负恩。

——罗隐《燕昭王墓》

（"寻""音""深""金"都属侵韵，而"恩"却属元韵。）

霏霏三日雨，蔼蔼一园春。
雾泽含元气，风花过洞庭。
地偏寒浩荡，春半客竛竮。
多少人间事，天涯醉又醒。

——陈与义《雨》

（"庭""竮""醒"皆属青韵，而"春"却属真韵。）

自唐至清，近体诗固然限用本韵，古体诗也不过偶用邻韵。除了先韵可认为元寒删的邻韵，又江可勉强认为阳的邻韵之外，上平声和下平声绝对没有相通之理（仄声依平声类推）。譬如依照现代北方话，侵可通真，覃可通寒，盐可通先，依照西南官话，真可通庚青蒸，依照皖湘滇方言，阳可通寒，依照吴语，歌可通虞，（一部分字如"蒲""都""孤"等），诸如此类，非但和近体诗的规律不相容，而且和古体诗的规律也是不合的。

总之，宋代以前，近体诗之出韵者，千首中难见一二首，自然不可为训。何况千数百年来，传抄难免有误。例如上文第二节所举白居易的百韵排律，中有一联是："荏苒星霜换，回环节候推"。"推"一本作"催"，当为传抄之误，因为绝没有能用九十九个支韵字。而偏让一个字出韵的道理。又如杜甫《偶题》中有一联是："漫作潜夫论，虚传幼妇碑"。"碑"一本作"词"，也是错的。杜甫时代，《唐韵》中的支韵尚未与脂之相混，此诗中连用"知""垂""斯""为""规""疲""奇""儿""亏""碑""移""枝""螭""危""卑""池""麾""支""罴""宜""陂""離"二十二个韵脚都是支韵字，绝没有插进一个之韵"词"字的道理。这些都是浅人所擅改，不可不知。

近体诗以平韵为正例，仄韵非常罕见。仄韵律诗很像古风；我们要辨认它们是不是律诗，仍应该以其是否用律句的平仄为标准。下面是一些仄韵律诗的例子：

1. 五律

秋月照潇湘，月明闻荡桨。
石横晚濑急，水落寒沙广。
众岭猿啸重，空江人语响。
清晖朝复暮，如待扁舟赏。

——刘长卿《湘中纪行十首·浮石濑》

（十首之中，有五首是平韵五律，其余五首自应认为仄韵五律。平仄亦合于律诗。）

潆淳幽壁下，深净如无力。

风起不成文，月来同一色。

地灵草木瘦，人远烟霞逼。

往往疑列仙，围棋在岩侧。

——刘禹锡《海阳十咏·蒙池》

（十首之中，也有五首平韵，五首仄韵，与刘长卿的《湘中纪行》情形相同。）

2. 七律

绝代佳人何寂寞！梨花未发梅花落。

东风吹雨入西园，银线千条度灵阁。

脸粉难匀蜀酒浓，口脂易印吴绫薄。

娇娆意绪不胜羞，愿倚郎君永相着。

——韩偓《意绪》

仄韵近体五绝较为常见。例如：

孤云将野鹤，岂向人间住？

莫买沃洲山，时人已知处。

——刘长卿《送方外上人》

悠悠南国思，夜向江南泊。

楚客断肠时，月明枫子落。

——顾况《忆旧游》

仄韵近体七绝非常罕见，兹不举例。

仄韵律诗和绝句可以说是近体诗和古体诗的交界处。近体诗和古体诗的界限相当分明，只有仄韵律绝往往也可认为"入律的古风"，因为近体诗毕竟是以平韵为主的。

末了，我们顺带谈一谈"限韵"和"和诗"。

限韵，有两种情形：第一，是试场的限韵，第二是诗人雅集的限韵。从性质上又可分为两类：第一，是限韵不限字，例如唐贞元进士的试题是《赋得春风扇微和》，大约是限用东韵或真韵（见《全唐诗》卷十三）。第二，是限韵兼限字，此类又可细分为两种：一种是限定一个字，其余的韵脚随便凑用。例如上文所举柳宗元《答刘连州邦字》和刘长卿《送孙逸归庐山得帆字》，就是诗中必须用"邦"字、"帆"字做韵脚，凡题目有"得某字"者，都是这一类；另一种是把全首诗的韵脚都预先指定了，例如梁曹景宗凯旋，侍武帝宴，群臣用韵已罄，只余"竞""病"二字。景宗作诗云："去时儿女悲，归来笳鼓竞。借问行路人，何如霍去病？"

和诗，最初的时候是一唱一和，并不一定要用对方的原韵或原韵脚。例如韩察、崔恭、陆澧、胡证都和张弘靖的《山亭怀古》，张弘靖原诗用的是支韵；韩察用的是先韵；崔恭用的是东韵；陆胡二人虽也用支韵，而韵脚无一字与原诗相同（《全唐诗》卷十三）。但是，唐人偶然也喜欢用原韵，例如刘禹锡同乐天和微之《深春》二十首，就注明同用"家""花""车""斜"四韵。宋代以后，和诗就差不多总要依照原韵，叫作"次韵"或"步韵"，例如苏轼的《次韵曹辅寄壑源试焙新芽》。这样，和诗的人就成了被限韵脚了。

此外，尚有所谓"用韵"，是用古人某诗的原韵，其实等于和古人的诗。又有所谓"叠韵"，是用自己做的诗的原韵（如连叠多次，就称为"再叠""三叠"等）。其实等于和自己的诗。这些都不必细述。

第六节　平仄的格式

一、平仄的普通格式

关于近体诗的平仄，普通的格式如下：

（一）五律

（甲）仄起式

仄仄平平仄，平平仄仄平。

平平平仄仄，仄仄仄平平。

仄仄平平仄，平平仄仄平。

平平平仄仄，仄仄仄平平。

（如首句入韵，则为"仄仄仄平平"。）

（乙）平起式

平平平仄仄，仄仄仄平平。

仄仄平平仄，平平仄仄平。

平平平仄仄，仄仄仄平平。

仄仄平平仄，平平仄仄平。

（如首句入韵，则为"平平仄仄平"。）

出句如系仄头，对句必须是平头，出句如系平头，对句必须是仄头，这叫作"对"，上一联的对句如系平头，下一联的出句必须是平头。上一联的对句如系仄头，下一联的出句必须也是仄头，这叫作"黏"。（"黏"有广义，有狭义，广义的"黏"就是一切的平仄都合式，不合叫作"失黏"，狭义的"黏"，如这里所述，违者也叫作"失黏"。）

五言排律是五言律诗的延长，因此，五言排律的平仄只需依照五言律诗的平仄，注意不违反"黏""对"的规则，延长下去就是了。五言绝句是五言律诗的减半，因此，五言绝句的平仄只需依照五言律诗的平仄，也注意不违反"黏""对"的规则就是了。

（二）七律

（甲）平起式

平平仄仄仄平平，仄仄平平仄仄平。

仄仄平平平仄仄，平平仄仄仄平平。

平平仄仄平平仄，仄仄平平仄仄平。

仄仄平平平仄仄，平平仄仄仄平平。

（如首句不入韵，则为"平平仄仄平平仄"。）

（乙）仄起式

仄仄平平仄仄平，平平仄仄仄平平。

平平仄仄平平仄，仄仄平平仄仄平。

仄仄平平平仄仄，平平仄仄仄平平。

平平仄仄平平仄，仄仄平平仄仄平。

（如首句不入韵，则为"仄仄平平平仄仄"。）

七言律诗的"黏""对"，和五言律诗的"黏""对"，规则完全相同，七言排律是七言律诗的延长，七言绝句是七言律诗的减半，因此，它们的平仄也就是七律的平仄，只需注意依照"黏""对"的规则，分别延长或减半就是了。

为了便于记忆和了解起见，我们对于近体诗的平仄，需要更进一步的分析，和更新颖的说明。近体诗的平仄的原则只是要求不单调，为要不单调，所以（一）平声和仄声必须递换，（二）一联之中，平仄必须相对，但若每联的平仄相同，又变为单调了，所以（三）下一联的出句的平仄必须和上一联的对句的平仄相黏，这样，相近的两联的平仄才不至于相同。

关于平仄的递换，咱们不妨先假定两样的四言平仄形式，就是：

1. 平平仄仄。
2. 仄仄平平。

然后，咱们再假定五言律诗有平脚和仄脚两种句子，于是依照下面的四个方法，把上面的四言的句子再加上一个字，使它们变为五言：

（一）"平平仄仄"的四言欲变为仄脚的五言时，须在中间插入一个平声字（以平随平），成为"平平平仄仄"。

（二）"平平仄仄"的四言欲变为平脚的五言时，须在句末加上一个平声字（以平随仄）成为"平平仄仄平"。

（三）"仄仄平平"的四言欲变成平脚的五言时，须在中间插入一个仄声字（以仄随仄），成为"仄仄仄平平"。

（四）"仄仄平平"的四言欲变成仄脚的五言时，须在句末加上一个仄声字（以仄随平）成为"仄仄平平仄"。

简单地说，就是：

（一）仄脚仍仄脚，中插平；

（二）仄脚仍平脚，尾加平；

（三）平脚仍平脚，中插仄；

（四）平脚变仄脚，尾加仄。

这样，五律虽有八句，其平仄变化，不出于下列的四种形式之外：

（一）仄仄平平仄；

（二）仄仄仄平平；

（三）平平平仄仄；

（四）平平仄仄平。

如果咱们把第一类认为 a，第二类认为 A（都是仄头），又把第三类认为 b，第四类认为 B（都是平头），那么，上文的五律平仄式可以简单地表示如下：

（甲）仄起式

1. 首句不入韵者。

aB，bA，aB，bA

2. 首句入韵者。

AB，bA，aB，bA

（乙）平起式

1. 首句不入韵者。

bA，aB，bA，aB

2. 首句入韵者。

BA，aB，bA，aB

七律的句子就是五律的句子的延长，只在句首加上两个字，仄头加成平头，平头加成仄头，就成为下列的四种形式：

（一）平平仄仄平平仄 （a）

（二）平平仄仄仄平平 （A）

（三）仄仄平平平仄仄 （b）

（四）仄仄平平仄仄平 （B）

这样，上文的七律平仄也可以简示如下：

（甲）平起式

1. 首句入韵者。

AB，bA，aB，bA

2. 首句不入韵者。

aB，bA，aB，bA

（乙）仄起式

1. 首句入韵者。

BA，aB，bA，aB

2. 首句不入韵者。

bA，aB，bA，aB

近体诗句的节奏，是以每两个音为一节，最后一个音独自成为一节，平声占时间大致比仄声长一倍，如下：

五言诗每句三节：

仄—仄—｜平——平——｜仄—

平——平——｜仄—仄—｜平——

平——平——｜平——仄—｜仄—

仄—仄—｜仄—平——｜平——

七言诗每句四节：

平——平——｜仄—仄—｜平——平——｜仄—

仄—仄—丨平——平——丨仄—仄—丨平——

仄—仄—丨平——平—丨平——仄—丨仄—

平——平——丨仄—仄—丨仄—平——丨平——

为叙述的方便起见，我们将把最后一个节奏称为"脚节"，脚节之上为"腹节"，腹节之上为"头节"，头节之上为"顶节"。五言的诗句只有三节，没有顶节，这些称呼是与上文所说"七律的句子为五律的句子的延长"的理论相配合的，但所谓加长，只是头上加顶，不是脚下加靴。

二、律绝平仄格式举例

下面我们将分别举出一些实例，来证明近体诗的平仄，我们仅举律绝的例子，排律可以由此类推。

（一）五律

（甲）仄起式

1. 首句不入韵者。

> 日下崦嵫外，秋生沉砀间。
> 清江无限好，白鸟不胜闲。
> 雨过云收岭，天空月上湾。
> 归鞍侵调角，回首六朝山。

——王安石《江亭晚眺》

（全首仅有一个"回"字不合平仄格式。）

2. 首句入韵者。

> 绝域眇难跻，悠然信马蹄。
> 风尘经跋涉，摇落怨睽携。
> 地出流沙外，天长甲子西。
> 少年无不可，行矣莫凄凄！

——高适《送裴别将之安西》

（全首仅"摇""少""行"三字不合平仄格式。）

（乙）平起式

1. 首句不入韵者。

　　　　高楼聊引望，杳杳一川平。
　　　　野水无人渡，孤舟尽日横。
　　　　荒村生断霭，古诗语流莺。
　　　　旧业遥清渭，沉思忽自惊。

　　　　　　　　　　　　　　——寇准《春日登楼怀归》

（全首与平仄格式相符。）

2. 首句入韵者。

　　　　蝉声未发前，已自感流年。
　　　　一入凄凉耳，如闻断续弦。
　　　　晴清依露叶，晚急畏霞天。
　　　　何事秋卿咏，逢时亦悄然。

　　　　　　　　　　　　　——刘禹锡《答白刑部闻新蝉》

（全首仅有"何"字不合平仄格式。）

（二）五绝
（甲）仄起式
1. 首句不入韵者。

　　　　往岁贪奇览，今年遂考槃。
　　　　门前溪一发，我作五湖看。

　　　　　　　　　　　　　　　　——罗公升《溪上》

（全首与平仄格式相符。）

2. 首句入韵者。
　　　　秋晚稻生孙，催科不到门。

人闲牛亦乐，随意过前屯。

——张孝祥《野牧园》

（全首仅"秋""随"二字不合平仄格式。）

（乙）平起式。

1. 首句不入韵者。

寒川消积雪，冻浦暂通流。

日暮人归尽，沙禽上钓舟。

——欧阳修《晚过水花》

（全首无一字不合平仄格式。）

2. 首句入韵者。

江南绿水多，顾影逗轻波。

落日秦云里，山高奈若何！

——李嘉祐《白鹭》

（全首无一字不合平仄格式。）

（三）七律

（甲）平起式

1. 首句入韵者。

新年草色远萋萋，久客将归失路蹊。

暮雨不知涢口处，春风只到穆陵西。

孤城尽日空花落，三户无人白鸟啼。

君在江南相忆否，门前五柳几枝低。

——刘长卿《使次安陆寄友人》

（全首仅"不""三""君"三字不合平仄格式。）

2. 首句不入韵者。

留春不住登城望，惜夜相将秉烛游。
风月万家河两岸，笙歌一曲郡西楼。
诗听越客吟何苦，酒别吴娃劝不休。
从道人生都是梦，梦中欢笑亦胜愁。

——白居易《城上夜宴》

（全首只有"风""万""从""欢"及第二"梦"字不合平仄格式。）

（乙）仄起式

1. 首句入韵者。

水玉簪头白角巾，瑶琴寂历拂轻尘。
浓阴似帐红薇晚，细雨如烟碧草新。
隔竹见笼疑有鹤，卷帘看画静无人。
南山自有忘机友，谷口徒称郑子真。

——温庭筠《题李处士幽居》

（全首只有一个"见"字不合平仄格式。）

2. 首句不入韵者。

五岁优游同过日，一朝消散似浮云。
琴书酒伴皆抛我，雪月花时最忆君。
几度听鸡过白日，亦曾骑马咏红裙。
吴娘暮雨萧萧曲，自别江南更不闻。

——白居易《寄殷协律》

（全首只有"一""消""亦""骑"四字不合平仄格式。）

（四）七绝
（甲）平起式
1. 首句入韵者。

忆过泸戎摘荔枝，青峰隐映石逶迤。
京中旧见君颜色，红颗酸甜只自知。

——杜甫《解闷之十》

（全首只有"红"字不合。）

2. 首句不入韵者。

伤心欲问前朝事，惟见江流去不回。
日暮东风春草绿，鹧鸪飞上越王台。

——窦巩《南游感兴》

（全首只有"惟""鹧""飞"三字不合。）

（乙）仄起式

1. 首句入韵者。

凿落秋江水石明，高枫老柳两滩横。
君看叠嶂云容变，又有中宵雨意生。

——范成大《题画卷》

（全首与平仄格式完全相符。）

2. 首句不入韵者。

十载飘然绳检外，尊前自献自为酬。
秋山春雨闲吟处，遍倚江南寺寺楼。

——杜牧《念昔游》

（全首仅有一个"春"字不合平仄格式。）

以上本节所举各诗，在平仄上说，都是近体诗中的标准诗。虽然有少数的字未合平仄格式，但那些地方都是可以通融的，至于通融的条件，不详叙。

末了，我们将谈一谈仄韵近体诗的平仄，近体诗用仄韵，本非正例；偶然用仄韵时，只把每联的对句改为 a 式或 b 式（不用 AB）就是了，依盛唐人的规矩，在五律仄韵诗里，各联出句的末字需平仄相间，上文所举刘长卿和刘禹锡的仄韵五律，都是合于这个规矩的，现在再举两个例子：

> 以我越乡客（仄），逢君谪居者。（ab）
> 分飞黄鹤楼（平），流落苍梧野。（Ba）
> 驿使乘云去（仄），征帆沿溜下。（ab）
> 不知从此分（平），还袂何时把？（Ba）
>
> ——孟浩然《江上别流人》

（"越"字"谪"字和"黄"字叫作拗字，首联对句和末联出句为特殊形式。）

> 山色无定姿（平），如烟复如黛。（Ba）
> 孤峰夕阳后（仄），翠岭秋天外。（ab）
> 云起遥蔽亏（平），江回频向背。（Ba）
> 不知今远近（仄），到处犹相对。（ab）
>
> ——刘长卿《秋云岭》

（首联对句与次联出句皆系特殊形式，三联出句平仄平仄平，系古式，刘长卿喜欢把这个古式用于仄韵五律。）

这一个平仄相间的规矩，中唐人已不能完全遵守（例如刘禹锡）；到了晚唐，出句就索性一律用平脚，使它和对句的仄脚相对，例如：

> 仗剑夜巡城（平），衣襟满霜霰。（Ab）
> 贼火遍郊坰（平），飞焰侵星汉。（Aa）
> 积雪似空江（平），长林如断岸。（Ab）
> 独凭女墙头（平），思家起长叹。（Ab）
>
> ——韩偓《乾宁三年在奉天重围作》

（首联对句和末联对句系特殊形式，注意此诗失粘失对，与古风的界限并不分明。）

秋雨五更头（平），桐竹鸣骚屑。（Aa）

却似春残间（平），断送花时节。（Aa）

空楼雁一声（平），远屏灯半灭。（Bb）

绣被拥娇寒（平），眉山正愁绝。（Aa）

——韩偓《五更》

（三联对句和末联对句系特殊形式，失对，失黏。）

五绝用仄韵，较五律为多见。它的出句用平脚或仄脚，并不一定。但是，比较起来，仍以平仄相间为最多，而且是先仄脚，后平脚。例如：

荒凉野店绝（仄），迢递人烟远。（ba）

苍苍古木中（平），多是隋家苑。（Ba）

——刘长卿《茱萸湾答崔载华问》

七言近体用仄韵，最为罕见。前面所举韩偓七言仄律，除第一句因入韵须用仄脚外，其余各联出句都用平脚，这可以说是和他的五言仄律的规矩大致相同。现在再举他的另一首七言仄律来看：

庄南纵步游荒野（仄），独鸟寒烟轻惹惹。（ab）

傍山疏雨湿秋花（平），僻路浅泉浮败果。（Ab）

樵人相聚指惊麕（平），牧童四散收嘶马。（Aa）

一壶倾尽未能归（平），黄昏更望诸峰火。（Aa）

——韩偓《闲步》

（注意：此诗失黏，失对，又歌麻通韵，与古风相混。）

仄韵七绝，非常罕见，现在试举一例如下，请注意第三句系用平脚：

僧家亦有芳春兴，自是禅心无滞境。

君看池水湛然时，何曾不受花枝影？

——吕温《戏赠灵澈上人》

三、律诗中的黏对、孤平、拗救、"一三五不论"

律诗的平仄有"黏对"的规则。

对，就是平对仄，仄对平。也就是说平仄是对立的。五律的"对"，只有两种形式，即：（1）仄仄平平仄，平平仄仄平；（2）平平平仄仄，仄仄仄平平。七律的"对"，也只有两副对联的形式，即：（1）平平仄仄平平仄，仄仄平平仄仄平；（2）仄仄平平平仄仄，平平仄仄仄平平。

如果首句用韵，则首联的平仄就不是完全对立的。由于韵脚的限制，也只能这样办。这样，五律的首联成为（1）仄仄仄平平，平平仄仄平。或者是（2）平平仄仄平，仄仄仄平平。七律的首联就成为（1）平平仄仄仄平平，仄仄平平仄仄平，或是（2）仄仄平平仄仄平，平平仄仄仄平平。

黏，就是平黏平，仄黏仄；后联出句第二字的平仄要跟前联对句第二字相一致。具体说来，要使第三句跟第二句相黏，第五句跟第四句相黏，第七句跟第六句相黏。

黏对的作用，是使声调多样化。如果不"对"，上下两句的平仄就雷同了；如果不"黏"，前后两联的平仄又雷同了。

违反了黏的规则，叫作失黏；违反了对的规则，叫作失对。在王维等人的律诗中，由于律诗尚未定型化，还有一些不黏的律诗。如：

> 单车欲问边，属国过居延。
> 征蓬出汉塞，归雁入胡天。
> 大漠孤烟直，长河落日圆。
> 萧关逢候骑，都护在燕然。
>
> ——王维《使至塞上》

这里第三句和第二句不黏。到了后来，失黏的情形非常罕见。至于失对，就更是诗人们所留心避免的了。

孤平是律诗（包括长律、律绝）的大忌，所以诗人们在写律诗的时候，注意避免孤平。在词曲中用到同类句子的时候，也注意避免孤平。

在五言"平平仄仄平"这个句型中，第一字必须用平声；如果用了仄声字，就是犯了孤平。因为除了韵脚之外，只剩一个平声字了。七言是五言的扩展，所以在"仄仄平平仄仄平"这个句型中，第三字如果用了仄声，也叫犯孤平。

凡平仄不依常格的句子，叫拗句。律诗中如果多用拗句，就变成了古风式的律诗。现在谈几种拗句：它在律诗中也是相当常见的，但是前面一字用拗，后面还必须用"救"。所谓"救"，就是补偿。一般说来，前面该用平声的地方用了仄声，后面必须在适当的位置上补偿一个平声。

下面以二首诗为例：

　　我宿五松下，寂寥无所欢。
　　田家秋作苦，邻女夜春寒。
　　跪进雕胡饭，月光明素盘。
　　令人惭漂母，三谢不能餐。

————李白《宿五松山下荀媪家》

第一句"五"字第二句"寂"字都是该用平而用仄，"无"字平声，既救第二句的第一字，也救第一句的第三字。第六句是孤平拗救，和第二句同一类型，但它只是本句自救，跟第五句无拗救关系。

　　离离原上草，一岁一枯荣。
　　野火烧不尽，春风吹又生。
　　远芳侵古道，晴翠接荒城。
　　又送王孙去，萋萋满别情。

————白居易《赋得古原草送别》

第三句"平"字仄声拗，第四句"吹"字平声救。

关于律诗的平仄，相传有这样一个口诀："一三五不论，二四六分明。"这是指七律（七绝）来说的。意思是说，第一、第三、第五字的平仄可以不拘，第二、第四、第六字的平仄必须分明。至于第七字呢，自然也是要求分明的。如果就五言律诗来说，那就应该是"一三不论，二四分明"。

这个口诀对于初学律诗的人是有用的，因为它是简单明了的。但是，它分析问题是不全面的，所以容易引起误解。

先说"一三五不论"这句话是不全面的。在五言"平平仄仄平"这个格式中，第一字不能不论，在七言"仄仄平平仄仄平"这个格式中，第三字不能不论，否则就要犯孤平。在五言"平平仄平仄"这个特定格式中，第三字也不能不论。以上讲的是五言第一字、七言第三字在一定情况下不能不论。至于五言第三字，七言第五字，在一般情况下，更是以"论"为原则了。

总之，七言仄脚的句子可以有三个字不论，平脚的句子只能有两个字不论。五言仄脚的句子可以有两个字不论，平脚的句子只能有一个字不论。

再说"二四六分明"这句话也是不全面的。五言第二字"分明"是对的，七言第二、四两字"分明"是对的。至于五言第四字、七言第六字，就不一定"分明"。

第七节　近体诗的对仗

一、对仗的种类

词的分类是对仗的基础。古代诗人们在应用对仗时所分的词类，和今天语法上所分的词类大同小异，不过当时诗人们并没有给它们起一些语法术语罢了。依照律诗的对仗分析起来，词大约可以分为下列的九类：

1. 名词 2. 形容词　3. 数词（数目字）4. 颜色词 5. 方位词　6. 动词　7. 副词　8. 虚词　9. 代词

同类的词相为对仗。我们应该特别注意四点：数目自成一类，"孤""半"等字也算是数目；颜色自成一类；方位自成一类，主要是"东""南""西""北"等字。这三类词很少跟别的词相对；不及物动词常常跟形容词相对。

连绵字只能跟连绵字相对。连绵字当中又再分为名词连绵字（鸳鸯、鹦鹉等），形容词连绵字（逶迤、磅礴等），动词连绵字（踌躇、踊跃等）。不同词性的连绵字一般还是不能相对。

专名只能与专名相对，最好是人名对人名，地名对地名。

名词还可以细分为以下的一些小类：

  1. 天文　2. 时令　3. 地理　4. 宫室　5. 服饰　6. 器用　7. 植物
8. 动物　9. 人伦　10. 人事　11. 形体

二、律诗对仗举例

对仗是律诗的必要条件。就一般情形而论，律诗的对仗是用于颔联和颈联；换句话说，就是第三句和第四句对仗，第五句和第六句对仗。例如：
（甲）五律。
1. 首句入韵者。

> 风劲角弓鸣，将军猎渭城。
> 草枯鹰眼疾，雪尽马蹄轻。
> 忽过新丰市，还归细柳营。
> 回看射雕处，千里暮云平。

——王维《观猎》

（颔联"草"与"雪"，名词；"枯"与"尽"，不及物动词；"鹰眼"与"马蹄"，名词仂语；"疾"与"轻"，形容词。颈联"忽"与"还"，副词；"过"与"归"，动词；"新丰"与"细柳"，专名；"市"与"营"，名词。）

2. 首句不入韵者。

> 却到番禺日，应伤昔所依。
> 炎洲百口住，故国几人归？
> 路识梅花在，家存棣萼稀。
> 独逢回雁去，犹作旧行飞。

——刘长卿《送李秘书却赴南中》

（颔联"炎"与"故"，形容词，"洲"与"国"，名词，"百"与"几"，数目字；"口"与"人"，名词；"住"与"归"，动词。颈联"路"与"家"，名词；"识"与"存"，动词；"梅花"与"棣萼"，名词仍语;"在"不及物动词,"稀"形容词。)

(乙) 七律。

1. 首句入韵者。

> 高阁朱栏不厌游,蒹葭白水绕长洲。
> 孤云独鸟川光暮,万井千山海色秋。
> 清梵林中人转静,夕阳城上角偏愁。
> 谁怜远作秦吴别,离恨归心双泪流。
>
> ——李嘉祐《皇甫冉登重玄阁》

(额联"孤""独""万""千",数目;"云""鸟""井""山",名词;"川光"与"海色",名词仍语;"暮"与"秋",名词当形容词用。劲联"清梵"与"夕阳",名词仍语,"林中"与"城上",名词仍语;"人"与"角",名词;"转"与"偏",副词;"静",形容词,"愁",不及物动词。)

2. 首句不入韵者。

> 舍南舍北皆春水,但见群鸥日日来。
> 花径不曾缘客扫,蓬门今始为君开。
> 盘飧市远无兼味,樽酒家贫只旧醅。
> 肯与邻翁相对饮,隔篱呼取尽余杯。
>
> ——杜甫《客至》

(额联"花径"与"蓬门",名词仍语;"不曾"与"今始",副词仍语;"缘"与"为",介词;"客",名词,"君",代名词,"扫"与"开",动词。颈联"盘飧"与"樽酒",名词仍语;"市"与"家",名词;"远"与"贫",形容词;"无",动词,"只",此处作"只有"解,"兼"与"旧",形容词,"味"与"醅",名词。)

这可以说是正例,此外还有许多变例,律诗的对仗可以少到只用于一联,多到四联都用。如果只用于一联,就是用于颈联,这时额联不用对仗,本来,唐以前的古诗是不一定要对仗的（参看上文导言）；律诗虽规定用对仗，还有些人稍存古法，偶然在颔联里免用。这种情形，在盛唐的五律中颇为常见，例如：

南国有归舟，荆门溯上流。
苍茫葭菼外，云水与昭丘。
樯带城乌去，江连暮雨愁。
猿声不可听，莫待楚山秋。

————王维《送贺遂员外外甥》

言从石菌阁，新下穆陵关。
独向池阳去，白云留故山。
绽衣秋日里，洗钵古松间。
一施传心法，唯将戒定还。

————王维《同崔兴宗送衡岳瑗公南归》

握手一相送，心悲安可论。
秋风正萧索，客散孟尝门。
故驿通槐里，长亭下槿原。
征西旧旌节，从此向河源。

————王维《送岐州源长史归》

精庐不住子，自有无生乡。
过客知何道，裴徊雁子堂。
浮云归故岭，落月还西方。
日夕虚空里，时时闻异香。

————高适《题慎言法师故房》

清洛日夜涨，微风引孤舟。
离肠便千里，远梦生江楼。
楚国橙橘暗，吴门烟雨愁。

东南具今古，归望山云秋。

——王昌龄《送李擢游江东》

以上所举，像王昌龄、储光羲和高适的诗在平仄上可认为古风式的律诗，在对仗的自由上，自然也容易采取古诗的形式；至于王维的诗，在平仄上已经是近体（偶然有特拗及孤平拗救），但在对仗上也还喜欢仿古，这种单联对仗的五律，直到中唐还没有绝迹。例如：

陶君三十七，挂绶出都门。
我亦今年去，商山浙岸村。
冬修方丈室，春种桔橰园。
千万人间事，从兹不复言。

——元稹《归田》

陶君喜不遇，予每为君言。
今日东台去，澄心在陆浑。
旋抽随日俸，并买近山园。
千万崔兼白，殷勤承主恩。

——元稹《东台去》

七律颔联不用对仗的极少，因为五古可以仿古，七言无古可仿的缘故。但是，杜甫有时候还喜欢在颔联用一种似对非对的句子：

摇落深知宋玉悲，风流儒雅亦吾师。
怅望千秋一洒泪，萧条异代不同时。
江山故宅空文藻，云雨荒台岂梦思！
最是楚宫俱泯灭，舟人指点到今疑。

——杜甫《咏怀古迹》

锦江春色逐人来，巫峡清秋万壑哀。
正忆往时严仆射，共迎车使望乡台。

主恩前后三持节，军令分明数举杯。
西蜀地形天下险，安危须仗出群材。

——杜甫《诸将》

这种颔联，至多只能说是极宽极勉强的对偶，和颈联相比，其工整的程度就差得多了。

如果我们把这种对仗叫作"贫的对仗"，那么三个联以上的对仗就该叫"富的对仗"。有一种富的对仗是最常见的，差不多和普通的对仗一样常见，这就是前三联都用对仗。就五律而论，前三联用对仗的办法，比中两联用对仗的办法少不了许多，因为它的首句多不入韵，所以首联容易造成对偶。例如：

忠义三朝许，威名四海闻。
更乘归鲁诏，犹忆破胡勋。
别路逢霜雨，行营对雪云。
明朝郭门外，长揖大将军。

——张谓《饯田尚书还兖州》

古岸扁舟晚，荒园一径微。
鸟啼新果熟，花落故人稀。
宿润侵苔甃，斜阳照竹扉。
相逢尽乡老，无复话时机。

——张祜《晚夏归别业》

恨与前欢隔，愁因此会同。
迹高芸阁吏，名散雪楼翁。
城闭三秋雨，帆飞一夜风。
酒醒鲈鲙美，应在竟陵东。

——许浑《送韩校书》

就七律而论，首联的对仗较为少见，因为首句入韵为常，而入韵的出句不很便于属对的缘故。至于首句不入韵的七律，则往往用对偶。例如：

　　支离东北风尘际，漂泊西南天地间。
　　三峡楼台淹日月，五溪衣服共云山。
　　羯胡事主终无赖，词客哀时且未还。
　　庾信平生最萧瑟，暮年诗赋动江关。

　　　　　　　　　　　　　　　　——杜甫《咏怀古迹》

　　霜台同处轩窗接，粉署先登语笑疏。
　　皓月满帘听玉漏，紫泥盈手发天书。
　　吟诗清美招闲客，对酒逍遥卧直庐。
　　荣贵人间难有比，相公离此十年余。

　　　　　　　　　　　　——姚合《和令狐员外直夜寄上相公》

　　但是，首句入韵的律诗并不一定妨碍首联的对仗；遇方便时仍有属对的可能，例如：

　　银烛吐青烟，金尊对绮筵。
　　离堂思琴瑟，别路绕山川。
　　明月隐高树，长河没晓天。
　　悠悠洛阳去，此会在何年！

　　　　　　　　　　　　　　——陈子昂《春夜别友人》

　　涂刍去国门，秘器出东园。
　　太守留金印，夫人罢锦轩。
　　旌旗转衰木，箫鼓上寒原。
　　坟树应西靡，长思魏阙恩。

　　　　　　　　　　　　——王维《故西河郡杜太守挽歌》

　　望海楼明照曙霞，护江堤白踏晴沙。
　　涛声夜入伍员庙，柳色春藏苏小家。

红袖织绫夸柿蒂，青旗沽酒趁梨花。
谁开湖寺西南路，草绿裙腰一道斜。

——白居易《杭州春望》

另一种富的对仗和上面的一种恰恰相反：律诗的首联不用对仗，却在尾联用对仗。这样，对仗也共有三联，但对仗的位置不尽相同。这种富的对仗非常罕见，现在只举两个例子如下：

凉风动万里，群盗尚纵横。
家远传书日，秋来为客情。
愁窥高鸟过，老逐众人行。
始欲投三峡，何由见两京！

——杜甫《悲秋》

剑外忽传收蓟北，初闻涕泪满衣裳。
却看妻子愁何在，漫卷诗书喜欲狂。
白日放歌须纵酒，青春作伴好还乡。
即从巴峡穿巫峡，便下襄阳向洛阳。

——杜甫《闻官军收河南河北》

律诗本借散行的句子来表示结束，所以末联对仗的律诗不为诗人们所喜用。但是，王维却有几首全用对仗的律诗：

闻道皇华使，方随皂盖臣。
封章通左语，冠冕化文身。
树色分扬子，潮声满富春。
遥知辨璧吏，恩到泣珠人。

——王维《送李判官赴东江》

天上去西征，云中护北平。
生擒白马将，连破黑雕城。

忽见刍灵苦，徒闻竹使荣。

空留左氏传，谁继卜商名？

——王维《故西河郡杜太守挽歌》

忽闻汉诏还冠冕，始觉殷王解网罗。

日比皇明犹自暗，天齐圣寿未云多。

花迎喜气皆知笑，鸟识欢心亦解歌。

闻道百城新佩印，还来双阙共鸣珂。

——王维《既蒙宥罪旋复拜官》

杜甫也有一首：

禹庙空山里，秋风落日斜。

荒庭垂橘柚，古屋画龙蛇。

云气生虚壁，江声走白沙。

早知乘四载，疏凿控三巴。

——《禹庙》

这种多余的对仗，后代极少人模仿，我们只看见朱熹有一首诗可以归入这一个类型：

寂寞番王后，光华帝子来。

千年余故国，万事只空台。

日月东西见，湖山表里开。

从知爽鸠乐，莫作雍门哀。

——朱熹《登定王台》

明白了律诗的对仗之后，排律的对仗就非常容易了解。排律也像律诗一般地，首联和尾联可以不用对仗，中间无论有多少联语，一律须用对仗，排律因为多系五言，首句多不入韵，所以首联也像五律一般地容易用对仗，甚至比五律更为常见，所以应该认为正例。尾联因为要结束，所以用对仗者非常罕见，现在分别举例如下：

1. 除尾联外，一律用对仗（正例）：

> 岭外资雄镇，朝端宠节旄。月卿临幕府，星使出词曹。
> 海对羊城阔，山连象郡高。风霜驱瘴疠，忠信涉波涛。
> 别恨随流水，交情脱宝刀。有才无不适，行矣莫徒劳！
>
> ——高适《送柴司户充刘卿判官之岭外》

2. 首尾两联都不用对仗（变例）：

> 江城含变态，一上一回新。天欲今朝雨，山归万古春。
> 英雄遗事业，衰迈久风尘。取醉他乡客，相逢故国人。
> 兵戈犹拥蜀，赋敛强输秦。不是烦形胜，深惭畏损神。
>
> ——杜甫《上白帝城》

3. 全首用对仗（罕见）：

> 彩仗连宵合，琼楼拂曙通。年光三月里，宫殿百花中。
> 不数秦王日，谁将洛水同。酒筵嫌落絮，舞袖怯春风。
> 天保无为德，人欢不战功。仍临九衢宴，更达四门聪。
>
> ——王维《三月三日勤政楼侍宴应制》

绝句是截取律诗的两联：如果截取首尾两联，则完全不用对仗；如果截取后两联，则前者对仗而后者不对仗；如果截取前两联，则前者不对仗而后者对仗；如果截取中两联，则全首用对仗。

三、对仗的讲究

律诗的对仗，有许多讲究，现在拣重要的谈一谈。

（1）工对。凡同类的词相对，叫作工对。名词既然分为若干小类，同一小类的词相对，更是工对。有些名词虽不同小类，但是在语言中经常平列，如天地、诗酒、花鸟等，也算是工对。反义词也算是工对。例如李白《塞下曲》的"晓战随金鼓，宵眠抱玉鞍"，就是工对。

句中自对而又两句相对，算是工对。像杜甫诗中的"国破山河在，城春草木深"，山与河是地理，草与木是植物，对得已经工整了，于是地理对植物也算工整了。

在一个对联中，只要多数字对得工整，就是工对。例如毛泽东《送瘟神》："红雨随心翻作浪，青山着意化为桥。天连五岭银锄落，地动三河铁臂摇。""红"对"青"，"着意"对"随心"，"翻作"对"化为"，"天连"对"地动"，"五岭"对"三河"，"银"对"铁"，"落"对"摇"，都非常工整；而"雨"对"山"，"浪"对"桥"，"锄"对"臂"，名词对名词，也还是工整的。

超过了这个限度，那不是工整，而是纤巧。一般地说，宋诗的对仗比唐诗纤巧；但是，宋诗的艺术水平反而比较低。

同义词相对，似工而实拙。《文心雕龙》说："反对为优，正对为劣。"同义词比一般正对自然更"劣"。像杜甫《客至》："花径不曾缘客扫，蓬门今始为君开"，"缘"与"为"就是同义词。因为它们是虚词（介词），不是实词，所以不算缺点。再说，在一首诗中，偶然用一对同义词也不要紧，多用就不妥当了。出句与对句完全同义（或基本上同义），叫作"合掌"，更是诗家大忌。

（2）宽对。形式服从于内容，诗人不应该为了追求工对而损害了思想内容。同一诗人，在这一首诗中用工对，在另一首诗用宽对，那完全是看具体情况来决定的。

宽对和工对之间有邻对，即邻近的事类相对。例如天文对时令，地理对宫室，颜色对方位，同义词对连绵字，等等。王维《使至塞上》："征蓬出汉塞，归雁入胡天"，以"天"对"塞"是天文对地理；陈子昂《春夜别友人》："离堂思琴瑟，别路绕山川"，以"路"对"堂"是地理对宫室。这类情况是很多的。

稍为更宽一点，就是名词对名词，动词对动词，形容词对形容词等，这是最普通的情况。

又更宽一点，那就是半对半不对了。首联的对仗本来可用可不用，所以首联半对半不对自然是可以的。陈子昂的"匈奴犹未灭，魏绛复从戎"，李白的"渡远荆门外，来从楚国游"就是这种情况。如果首句入韵，半对半不对的情况就更多一些。颔联的对仗本来就不像颈联那样严格，所以半对半不对也是比较常见的。杜甫的"遥怜小儿女，未解忆长安"就是这种情况。现在再举毛泽东《赠柳亚子先生》为证：

> 饮茶粤海未能忘，索句渝州叶正黄。
> 三十一年还旧国，落花时节读华章。
> 牢骚太盛防肠断，风物长宜放眼量。
> 莫道昆明池水浅，观鱼胜过富春江。

（3）借对。一个词有两个意义，诗人在诗中用的是甲义，但是同时借用它的乙义来与另一词相为对仗，这叫借对。例如杜甫《巫峡敝庐奉赠侍御四舅》"行李淹吾舅，诛茅问老翁"，"行李"的"李"并不是桃李的"李"，但是诗人借用桃李的"李"的意义来与"茅"字作对仗。又如杜甫《曲江》"酒债寻常行处有，人生七十古来稀"，古代八尺为寻，两寻为常，所以借来对数目字"七十"。

有时候，不是借意义，而是借声音。借音多见于颜色对，如借"皇"为"黄"，借"沧"为"苍"，借"珠"为"朱"，借"清"为"青"等。杜甫《恨别》："思家步月清宵立，忆弟看云白日眠"，以"清"对"白"，又《赴青城县出成都寄陶王二少尹》："东郭沧江合，西山白雪高"，以"沧"对"白"，就是这种情况。

（4）流水对。对仗，一般是平行的两句话，它们各有独立性。但是，也有一种对仗是一句话分成两句话，其实十个字或十四个字只是一个整体，出句独立起来没有意义，至少是意义不全。这叫流水对。现在摘出下面的一些例子：

> 即从巴峡穿巫峡，便下襄阳向洛阳。（杜甫）
> 人怜巧语情虽重，鸟忆高飞意不同。（白居易）
> 塞上长城空自许，镜中衰鬓已先斑。（陆游）

总之，律诗的对仗不像平仄那样严格，诗人在运用对仗时有更大的自由。艺术修养高的诗人常常能够成功地运用工整的对仗，来做到更好地表现思想内容，而不是损害思想内容。遇必要时，也够摆脱对仗的束缚来充分表现自己的意境。无原则地追求对仗的纤巧，那就是庸俗的作风了。

第三章　古体诗

第一节　古风每句的字数

古体诗又叫作"古风"。自然唐代近体诗产生之后，诗人们仍旧不放弃古代的形式，有些诗篇并不依照近体诗的平仄、对仗和语法，却模仿古人那种较少拘束的诗。于是律绝和古风成为对立的两种诗体。"古风"虽是模仿古诗的东西，然而从各方面看来，唐宋以后的"古风"毕竟大多数不能和六朝以前的古诗相比，因为诗人们受近体诗的影响既深，做起古风来，总不免潜意识地掺杂着多少近体诗的平仄、对仗或语法；恰像现在许多文人受语体文的影响既深，勉强做起文言文来，至多也只能得一个"形似"。在本书里，我们先谈近体诗，后谈古体诗，就因为唐宋以后的古体诗确曾受近体诗的影响，非先彻底了解近体诗就没法子了解"古风"的缘故。

本节先谈古风每句的字数。我们谈字数论句不论篇，因为古风每篇的字数是没有一定的；若以每句的字数而论，则古风可分为七种：（一）四言；（二）五言；（三）七言；（四）五七杂言；（五）三七杂言；（六）三五七杂言；（七）错综杂言。兹分述如下。

（一）四言——四言的古风可认为模仿《诗经》而作。《文选》里陆机诸人也有四言诗，可见四言诗一向没有断绝过。但是，它在唐人的古体诗中却是非常罕见的。现举王维一篇为例：

> 嗟予未丧，哀此孤生。屏居蓝田，薄地躬耕。岁晏输税，以奉粢盛。晨往东皋，草露未晞。暮看烟火，负担来归。我闻有客，足扫荆扉。箪食伊何？䔃瓜抓枣。仰厕群贤，皤然一老。愧无莞簟，班荆席藁。泛泛

登陂，折彼荷花。净观素鲔，俯映白沙。山鸟群飞，日隐轻霞。登车上马，倏忽云散。雀噪荒村，鸡鸣空馆。还复幽独，重欷累叹。

——王维《酬诸公见过》

（二）五言——五言的古风可认为正统的古体诗，因为《古诗十九首》是五言，六朝的诗大多数也是五言。现在只举李白的《古风》一首为例：

大雅久不作，吾衰竟谁陈？王风委蔓草，战国多荆榛。龙虎相啖食，兵戈逮狂秦。正声何微茫，哀怨起骚人。扬马激颓波，开流荡无垠。废兴虽万变，宪章亦已沦。自从建安来，绮丽不足珍。圣代复元古，垂衣贵清真。君才属休明，乘运共跃鳞。文质相炳焕，众星罗秋旻。我志在删述，垂辉映千春。希圣如有立，绝笔于获麟。

——李白《古风》

（三）七言——七言古诗起源颇晚，而唐宋七言古风的格律又多从近体七言诗演变而来。李杜的七言古风较为近似古诗的格律，现在各举一例如下：

木兰之枻沙棠舟，玉箫金管坐两头。美酒尊中置千斛，载妓随波任去留。仙人有待乘黄鹤，海客无心随白鸥。屈平词赋悬日月，楚王台榭空山丘。兴酣落笔摇五岳，诗成笑傲凌沧洲。功名富贵若长在，汉水亦应西北流！

——李白《江上吟》

今日苦短昨日休，岁云暮矣增离忧。霜凋碧树待锦树。万壑东逝无停留。荒戍之城石色古，东郭老人住青丘。飞书白帝营斗粟，琴瑟几杖柴门幽。青草萋萋尽枯死，天马跂足随牦牛。自古圣贤多薄命，奸雄恶少皆封侯。故国三年一消息。终南渭水寒悠悠。五陵豪贵反颠倒，乡里小儿狐白裘。生男堕地要膂力，一生富贵倾邦国。莫愁父母少黄金，天下风尘儿亦得。

——杜甫《锦树行》

七言古风句首加"君不见"三字作冒头，可认为一种变体。例如：

　　君不见巫山神女作行云，霏红沓翠晓氛氲。婵娟流入楚王梦，倏忽还随零雨分。空中飞去复飞来，朝朝暮暮下阳台。愁君此去为仙尉，便逐行云去不回。

——孟浩然《送王七尉松滋得阳台云》

（四）五七杂言——五七杂言，七言中杂五言者较多，五言中杂七言者较少。兹分别举例如下：

（甲）七言中杂五言。

　　美人在时花满堂，美人去后空余床。床中绣被卷不寝，至今三载犹闻香。香亦竟不灭，人亦竟不来。相思黄叶落，白露点苍苔。

——李白《长相思》

　　湘东行人长叹息，十年离家归未得。弊裘羸马苦难行，僮仆饥寒少筋力。君不见床头黄金尽，壮士无颜色。龙蟠泥中未有云，不能生彼升天翼。

——张籍《行路难》

（这里"君不见"三字是五言的冒头。）

（乙）五言中杂七言。

　　忆昔娇小姿，春心亦自持。为言嫁夫婿，得免长相思。谁知嫁商贾，令人却愁苦。自从为夫妻，何曾在乡土？去年下扬州，相送黄鹤楼。眼看帆去远，心逐江水流。只言期一载，谁谓历三秋。使妾肠欲断，恨君情悠悠。东家西舍同时发，北去南来不逾月。未知行李游何方，作个音书能断绝。适来往南浦，欲问西江船。正见当垆女，红妆二八年。一种为人妻，独自多悲凄。对镜便垂泪，逢人只欲啼。不如轻薄儿，旦暮长相随。悔作商人妇，青春长别离。如今正好同欢乐，君去容华谁得知！

——李白《江夏行》

（五）三七杂言——三七杂言，乃是七言中稍杂三字句。例如：

边城儿，生年不读一字书，但将游猎夸轻趫。胡马秋肥宜白草，骑来蹑影何矜骄！金鞭拂雪挥鸣鞘，半酣呼鹰出远郊。弓弯满月不虚发，双鸧迸落连飞髇。海边观者皆辟易，猛气英风振沙碛。儒生不及游侠人，白首下帷复何益！

——李白《行行游且猎篇》

长相思，在长安。络纬秋啼金井阑，微霜凄凄簟色寒。孤灯不明思欲绝，卷帷望月空长叹。美人如花隔云端。上有青冥之长天，下有渌水之波澜。天长路远魂飞苦，梦魂不到关山难。长相思，摧心肝。

——李白《长相思》

山头鹿，角芰芰，尾促促。贫儿多租输不足。夫死未葬儿在狱。早日熬熬蒸野冈，禾黍不收无狱粮。县家唯忧少军食，谁能令尔无死伤？

——张籍《山头鹿》

云瀼瀼，麦穗黄。婆饼欲焦新麦香。今年麦熟不敢尝。斗量车载倾囷仓，化作三军马上粮。（婆饼焦）

提壶芦，树头劝酒声相呼，劝人沽酒无处沽。太岁何年当在酉，敲门问浆还得酒。田中禾穗处处黄，瓮头新绿家家有。（提壶芦）

山花冥冥山欲雨，杜鹃声酸客无语。客欲去，山边贼营夜鸣鼓。谁言杜宇归去乐？归来处处无城郭！春日暖，春云薄。飞来日落还未落，春山相呼亦不恶。（思归乐）

——周紫芝《五禽言（录三）》

（六）三五七杂言——三五七杂言以七言为主，杂以五言和三言。自五言诗以后，奇数字的句子大约被人认为更适合于诗的节奏，所以七言之中往往杂以五言和三言，而不大杂以六言或四言。例如：

楚山秦山皆白云，白云处处长随君。长随君，君入楚山里，云亦随君渡湘水。湘水上，女萝衣，白云堪卧君早归。

——李白《白云歌送刘十六归山》

君不见黄河之水天上来，奔流到海不复回。君不见高堂明镜悲白发，朝如青丝暮成雪。人生得意须尽欢，莫使金樽空对月。天生我材必有用，千金散尽还复来。烹羊宰牛且为乐，会须一饮三百杯。岑夫子，丹丘生，将进酒，杯莫停。与君歌一曲，请君为我侧耳听：钟鼓馔玉不足贵！但愿长醉不愿醒！古来圣贤皆寂寞，惟有饮者留其名。陈王昔时宴平乐，斗酒十千恣欢谑。主人何为言少钱，径须沽取对君酌。五花马，千金裘，呼儿将出换美酒，与尔同销万古愁。

——李白《将进酒》

（用两个"君不见"为冒头语。）

游人别，一东复一西。出门相背两不返，惟信车轮与马蹄。道路悠悠不知处，山高海阔谁辛苦？远游不定难寄书，日日空寻别时语。浮云上天雨堕地，暂时会合终离异。我今与子非一身，安得死生不相弃！

——张籍《各东西》

北府酒，吹湿宫城柳。柳枝着地春垂垂，只管人间新别离。离情欲断江水语，女儿连臂歌白纻。淮南神仙来酒坊，甲马猎猎羽林郎。百年风物烟尘苍。老兵对月犹举觞。青帘泪湿女墙下，曾识行军旧司马。

——谢翱《赋得北府酒》

（七）错综杂言——所谓错综杂言，是指诗句的字数变化无端，除了七言、五言或三言之外，还有四言或六言的句子，甚至有达八九字以上者。错综杂言又可分两类，分说如下。

（甲）仍以三五七言为主者。此类的格调仍与上面的五七杂言及三五七杂言相近似。例如：

出自玄泉杳杳之深井，汲在朱明赫赫之炎辰。九天含露未销铄，闾阛初开赐贵人。碎如坠琼方截璐，粉壁生寒象筵布。玉壶纨扇亦玲珑，座有丽人色俱素。咫尺炎凉变四时，出门焦灼君讵知？肥羊甘醴心闷闷，饮此莹然何所思？当念阑干凿者苦，腊月深井汗如雨。

——韦应物《夏冰歌》

烛龙栖寒门，光耀犹旦开。日月照之何不及此，唯有北风号怒天上来。燕山雪花大如席，片片吹落轩辕台。幽州思妇十二月，停歌罢笑双蛾摧。倚门望行人，念君长城苦寒良可哀。别时提剑救边去，遗此虎文金鞞靫。中有一双白羽箭，蜘蛛结网生尘埃。箭空在，人今战死不复回。不忍见此物，焚之已成灰。黄河捧土尚可塞，北风雨雪恨难裁。

——李白《北风行》

八月秋高风怒号，卷我屋上三重茅。茅飞渡江洒江郊，高者挂罥长林梢，下者飘转沉塘坳。南村群童欺我老无力，忍能对面为盗贼。公然抱茅入竹去，唇焦口燥呼不得，归来倚仗自叹息。俄顷风定云墨色，秋天漠漠向昏黑。布衾多年冷似铁，娇儿恶卧踏里裂。床头屋漏无干处，雨脚如麻未断绝。自经丧乱少睡眠，长夜沾湿何由彻！安得广厦千万间，大庇天下寒士俱欢颜，风雨不动安如山！呜呼！何时眼前突兀见此屋？吾庐独破受冻死亦足！

——杜甫《茅屋为秋风所破歌》

（乙）四六八言颇多者。此类很有散文的气息；如果不是用韵，有些部分简直就是散文。假使改为白话，简直就像当初所谓"新诗"。例如：

金天之西，白日所没。康老胡雏，生彼月窟。巉岩容仪，戍削风骨。碧玉炅炅双目瞳，黄金拳拳两鬓红。华盖垂下睫，嵩岳临上唇。不睹诡谲貌，岂知造化神！大道是文康之严父，元气乃文康之老亲。抚顶弄盘古，推车转天轮。云见日月初生时，铸冶火精与水银。阳乌未出谷，顾兔半藏身。女娲戏黄土，团作愚下人。散在六合间，濛濛若沙尘。生死了不尽，谁明此胡是仙真！西海栽若木，东溟植扶桑。别来几多时？枝叶万里长。中国有七圣，半路颓洪荒。陛下应运起，龙飞入咸阳。赤眉立盆子，白水兴汉光。叱咤四海动，洪涛为簸扬。举足蹋紫微，天关自开张。老胡感至德，东来进仙倡。五色师子，九苞凤皇。是老胡鸡犬，鸣舞飞帝乡。淋漓飒沓，进退成行。能胡歌，献汉酒。跪双膝，并两肘。散花指天举素手，拜龙颜，献圣寿。北斗戾，南山摧。天子九九八十一，万岁长倾万岁杯。

——李白《上云乐》

噫吁嚱，危乎高哉！蜀道之难，难于上青天！蚕丛及鱼凫，开国何茫然！尔来四万八千岁，不与秦塞通人烟。西当太白有鸟道，可以横绝峨眉巅。地崩山摧壮士死，然后天梯石栈相钩连。上有六龙回日之高标，下有冲波逆折之回川。黄鹤之飞尚不得过，猿猱欲度愁攀援。青泥何盘盘，百步九折萦岩峦。扪参历井仰胁息，以手抚膺坐长叹。问君西游何时还？畏途巉岩不可攀。但见悲鸟号古木，雄飞雌从绕林间。又闻子规啼夜月，愁空山。蜀道之难，难于上青天，使人听此凋朱颜！连峰去天不盈尺，枯松倒挂倚绝壁。飞湍瀑流争喧豗，砯崖转石万壑雷。其险也如此，嗟尔远道之人，胡为乎来哉！剑阁峥嵘而崔嵬，一夫当关，万夫莫开。所守或匪亲，化为狼与豺。朝避猛虎，夕避长蛇，磨牙吮血，杀人如麻。锦城虽云乐，不如早还家。蜀道之难，难于上青天，侧身西望长咨嗟！

——李白《蜀道难》

以上由五七杂言至错综杂言，都是所谓长短句（或称长短诗）。我们对于长短句举例特别多；对于五言和七言举例很少。实际上，却是纯粹五言古风最为常见，纯粹七言古风次之，长短句比较罕见。多数的诗人都不大喜欢用长短句作古风，例如王维和孟浩然，本节里多举长短句的例子，因为纯粹五言和七言都有一定的形式。不必多举例而自明；至于长短句，何处宜长，何处宜短，颇有讲究，所以多举些例子，希望读者悟出若干道理来。大约在篇首用长短句的情形最为常见，篇末次之，中间又次之。至于长句和短句应该怎么衔接，方得气畅，那是修辞上的事，不是本书里所应该讨论的。

第二节　古体诗的对仗

古风和律诗有一个大不相同之点，就是律诗必须对仗，而古风可以不用对仗。事实上，有些古风是全篇不用对仗的。例如：

夜静群动息，螅蛄声悠悠。庭槐北风响，日夕方高秋。思子整羽翮，及时当云浮。吾生将白首，岁晏思沧州。高足在旦暮，肯为南亩俦。

——王维《秋夜独坐怀内弟崔兴宗》

兔丝附蓬麻，引蔓故不长。嫁女与征夫，不如弃路旁。结发为妻子，席不暖君床。暮婚晨告别，无乃太匆忙。君行虽不远，守边赴河阳。妾身未分明，何以拜姑嫜？父母养我时，日夜令我藏。生女有所归，鸡狗亦得将。君今往死地，沈痛迫中肠。誓欲随君去，形势反苍黄。勿为新婚念，努力事戎行。妇人在军中，兵气恐不扬。自嗟贫家女，久致罗襦裳。罗襦不复施，对君洗红妆。仰视百鸟飞，大小必双翔。人事多错迕，与君永相望。

——杜甫《新婚别》

自杜韩以后，一韵到底的七古总以完全不用对仗为原则。至于五古和转韵七古，就有些地方是对仗的了。本来，古诗虽不拘对仗，却也不避对仗。《诗经》里就有了对仗，古代散文也有对仗，古体诗当然没有避免对仗的必要。恰恰相反，有时候对仗可以增加一种整齐的美。大致说来，对仗和平仄的入律成为平行的发展：越是入律或似律的古风，越是多用对仗；越是平仄仿古，越是少用对仗。五古继承齐梁的遗绪，所以多数诗人喜欢在五古里用对仗；转韵七古也是齐梁的遗风，所以对仗也常见。只有一韵到底的七古是一种"新兴而又仿古"的诗体，所以不大用对仗。总之，古风里对仗的有无或多少，仍旧是新式和仿古两大潮流的分别。

要明白律句和对仗的密切关系，只要把杜甫的《湖城东遇孟云卿》一诗仔细分析，就可以恍然大悟。杜甫这诗，律句较多，因此对仗也较多。尤其是有一点值得注意：凡用律联的地方也就是用对仗的地方。现在再举苏轼的一首诗为例：

> 此生念念浮云改，寄语长淮今好在。故人宴坐虹梁南，新河巧出龟山背。木鱼呼客振林莽，铁凤横空飞彩绘。忽惊堂宇变雄深，坐觉风雷生謦欬。美师游戏浮沤间，笑我荣枯弹指内。尝茶看画亦不恶，问法求诗了无碍。千里孤帆又独来，五年一梦谁相对？何当来世结香火，永与名山躬井砲！
>
> ——苏轼《龟山辩才师》

这一首诗首联和尾联不用对仗，其余各联都用对仗，宛然一首七言排律。再就平仄而论，除"尝茶"一句外，其余都是入律或似律的句子，可以证明对仗和律句的密切关系。我们之所以不索性认为排律者，因为：（一）诗中多有拗黏拗对；（二）平仄未完全合律；（三）用仄韵。然而它毕竟是律古之间的东西。

上文我们说，自杜韩以后，一韵到底的七古总以完全不用对仗为原则；现在上文举出的一首一韵到底的七古却是完全用对仗的，似乎自相矛盾。但是，像苏轼这首诗只是罕见的例外，它是属于新式的古风；而大多数一韵到底的七古却是仿古的一派。同是一个诗人，时而仿古，时而随俗，并不相妨。除刘长卿完全用新式，孟郊韩愈完全用古式之外，其余各家的诗集中，仿古的古风和新式的古风往往同时存在。由此看来，诗体本可分为四种：（一）新式之律；（二）古式之律；（三）新式之古；（四）古式之古。世俗只分为律古两种，实未尽善。我们现在只要心知其意，也不必显然把它们分为四类了。

律诗的对仗，中两联为必需的，首联为随意的（五律首联多用对仗，七律罕用），尾联则以不用为原则。古风的对仗却没有一定的位置。大约尾联仍以不用对仗为原则，这样可以表示一篇的终结；其余各联，对与不对，极为自由。这是所谓"行乎其所不得不行，止乎其所不得不止"，并不受任何拘束。例如：

> 黄河走东溟，白日落西海。逝川与流光，飘忽不相待。春容舍我去，秋发已衰改。人生非寒松，年貌岂长在？吾当乘云螭，吸景驻光彩。
>
> ——李白《古风》

山行有常程，中夜尚未安。微月没已久，崖倾路何难。大江动我前，汹若溟渤宽。篙师暗理楫，歌笑轻波澜。霜浓木石滑，风急手足寒。入舟已千忧，陟巘仍万盘。迥眺积水外，始知众星乾。远游令人瘦，衰疾惭加餐。

——杜甫《水会渡》

行子苦风潮，维舟未能发。宵分卷前幔，卧视清秋月。四泽蒹葭深，中洲烟火绝。苍苍水雾起，落落疏星没。所遇尽渔樵，与言多楚越。其如念极浦，又以思明哲。常若千里余，况之异乡别！

——王昌龄《行子苦风泊来舟贻潘少府》

（此诗句子皆入律或似律，无拗黏拗对，故用对仗特多。）

凌晨有客至自西，为问诗老来何稽。京师车马曜朝日，何用扰扰随轮蹄！面颜憔悴暗尘土，文字光彩垂虹霓。空肠时如秋蚓叫，苦调或作寒蝉嘶。语言虽巧身事拙，捷径趑趄行非迷。我今俸禄饱余剩，念子朝夕勤盐齑。舟行每欲载米送，汴水六月干无泥。乃知此事尚难必，何况仕路如天梯？朝廷乐善得贤众，台阁俊彦联簪犀。朝阳鸣凤为时出，一枝岂惜容其栖！古来磊落材与知，穷达有命理莫齐。悠悠百年一瞬息，俯仰天地身醯鸡。其间得失安足校？况与凫鹥争稗稊！忆在洛阳年各少，对花把酒倾玻璃。二十年间几人在，在者忧患多乖睽。我今三载病不饮，眼眵不辨骅与骊。壮心销尽忘闲处，生计易足才蔬畦。优游琴酒逐渔钓，上下林壑相攀跻。及身强健始为乐，莫待衰病须扶携。行当买田清颍上，与子相伴把锄犁。

——欧阳修《寄圣俞》

（全诗共四十句，仅有三联用对仗，其中如"优游"一联犹在似对非对之间。此乃一韵到底的七古的正则。）

只有转韵七古的对仗，其位置比较固定。尤其是四句一换韵的七古，不用对仗则已，若用对仗，总在每韵的第二联。因为每韵的首句往往入韵，颇不宜于对仗。例如：

对酒怜君安可论？当官爱士如平原。料钱用尽却为谤，食客空多谁
报恩？万里孤舟向南越，苍梧云中暮帆灭。树色应无江北秋，天涯尚见
淮阳月。驿路南随桂水流，猿声不绝到炎州。青山落日那堪望，谁见思
君江上楼。

        ——刘长卿《江楼送太康郭主簿赴岭南》

（末联因系终篇，所以不用对仗。）

律诗的对仗，唯求其"工"；古风的对仗，唯求其"拙"。除了入律的古
风颇喜欢用工对外，在一般古体诗里，诗人们几乎可说是有意造成古拙的骈
语。关于属对的范畴，古风比律诗宽得多。如果拿律诗的眼光看来，有些地
方简直是对得太勉强了。这些"勉强"的对仗，大约可分为四类：

（甲）完全不伦不类的事物也用为对仗。例如：

> 鸷鸟立寒木，丈夫佩吴钩。（王昌龄《九江口作》）
> 为客成白首，入门嗟布衣。（郎士元《赠万生下第》）
> 主人炊新粒，行子充夜饥。（岑参《宿华阴东郭客舍》）
> 赤心报国无片赏，白首还家有几人？（刘长卿《疲兵篇》）
> 枥上看时独意气，众中牵出偏雄豪。（岑参《卫节度赤骠马歌》）
> 紫盖连延接天柱，石廪腾掷堆祝融。（韩愈《谒衡岳庙》）

（乙）以主从仂语与等立仂语为对。例如：（等立用·号，主从用＿号。）

> 及自登枢要，何曾问布衣？（杨贲《感兴》）
> 衣冠半是征战士，穷儒浪作林泉民。（李白《少年行》）
> 行人刁斗风沙暗，公主琵琶幽怨多。（李颀《古从军行》）
> 浔阳北望鸿雁回，湓水东流客心醉。（李颀《送从弟游江淮》）
> 闻道轻生能击虏，何嗟少壮不封侯。（刘长卿《送崔校书从军》）

（丙）双字仂语中，一字对得极工，另一字极勉强。例如：（工者用·号，

不工者用＿号。）

> 偶同静者来，正值高云闲。（欧阳詹《同诸公遇福先寺》）
> 中酒朝眠日色高，弹棋夜半灯花落。（岑参《与独孤渐道别》）
> 别马连嘶出御沟，家人几夜望刀头？（刘长卿《送崔校书从军》）
> 燕南春草伤心色，蓟北黄云满眼愁。（同上）

（丁）句中自对而又两句相对。这本是律诗里所容许的对仗法，但是它在古风里更显得随便，标准更宽。往往以名词与形容词相对，或与动词相对。例如：（名词用·号，形容词或动词用＿号。）

> 高论动侯伯，疏怀脱尘喧。（韦应物《送李十四》）
> 肃穆庙堂上，深沉节制雄。（高适《李云南征蛮诗》）
> 寓游城郭里，浪迹希夷际。（李颀《谒张果先生》）
> 纷纷对寂寞，往往落衣巾。（刘慎虚《寄阎防》）
> 晓碧流视听，夕清濯衣袍。（孟郊《立德新居》）
> 为于仁义得，未觉登涉劳。（同上）

另一种拙对是半对半不对。这又可以和分为三类（一）上半对，下半不对；（二）下半对，上半不对；（三）中间对，两头不对。现在分别叙述于下。

（一）上半对，下半不对，往往是韵脚的关系。末字因为要押韵，所以对仗难工。在律诗里，诗人往往先决定韵脚，然后选择出句的末字，务求其对仗工稳；在古风里则不然，诗人听其自然，不加修饰，所以弄到下一半不成对仗。最显明的例子是每字都对，只剩末字不对，像崔颢的《古游侠》的"杀人辽水上，走马渔阳归"。其次则是只剩末两字不对，像刘长卿的《自番阳还道中》的"元气连洞庭，夕阳落波上"。而最普通的例子却是：

> 五言上二字相对，下三字不对；
> 七言上四字相对，下三字不对。

现在试举出一些例子：

发白还更黑，身轻行若风。（李颀《赠苏明府》）

迟日半云谷，春风连上潮。（綦毋潜《题鹤林寺》）

出处暂为间，浮沉安系哉！（卢象《送綦毋潜》）

玉京迢迢几千里，凤笙去去无穷已。（李白《凤吹笙曲》）

我向淮南攀桂枝，君留洛北愁梦思。（李白《忆旧游》）

赤霄玄圃须往来，翠尾金花不辞辱。（杜甫《赤霄行》）

英雄割据虽已矣，文彩风流犹尚存。（杜甫《丹青引》）

金印煌煌未入手，白发种种来无情。（陆游《长歌行》）

（"玉京""我向"诸联，因为出句入韵，尤以半对半不对为常。七律也有这个规矩。）

七古偶然也只有两个字相对，这是最贫乏的对仗。例如：

剑锋可惜空用尽，马蹄无事今已穿。（岑参《送费子归武昌》）

北雁初回江燕飞，南湖春暖着春衣。（韩翃《送中兄典邵州》）

万年枝影转斜光，三道先成君激昂。（韩翃《别氾水三县尉》）

昔骑天子大宛马，今乘款段诸侯门。（李白《江夏赠韦南陵冰》）

（二）下半对，上半不对，并非受了韵脚的影响，所以比较少见。七古中，下五字相对如李颀《送陈章甫》的"醉卧不知白日暮，有时空望孤云高"尤为罕见，因为既能用五字相对，就不妨索性用七字相对了。最普通的情形是：

五言上二字不对，下三字相对；

七言上四字不对，下三字相对。

现在试举出一些例子：

德与形神峻，孰知天地遥？（张说《同群公秋登琴台》）

悠悠孤峰顶，日见三花春。（王昌龄《寄焦炼师》）

画图麒麟阁，朝入明光宫。（高适《塞下曲》）

邀人傅脂粉，不自着罗衣。（王维《西施咏》）

巾车云路入，理棹瑶溪行。（储光羲《游茅山》）

居间好花木，采药来城市。（孟浩然《王迥见寻》）

（三）中间对，两头不对，这种情形更少。所谓中间对，往往只有两个字；但是看它们的对仗是那样工整，却绝对不会是出于偶然。例如：

今朝平津邸，兼得潇湘游。（邱士元《题刘相公三湘图》）

向来皓首惊万人，自倚红颜能骑射。（杜甫《醉为马坠》）

高秋八月归南楚，东门一壶聊出祖。（岑参《送费子归武昌》）

及身强健始为乐，莫待衰病须扶携。（欧阳修《寄圣俞》）

此外，还有意对词不对，如杜甫《锦树行》："五陵豪贵反颠倒，乡里小儿狐白裘。"这更是拙中之拙。

同字相对，也是最古拙的骈语。在《古诗十九首》里，同字相对有如下面诸例：

昔为倡家女，今为荡子妇。

菟丝生有时，夫妇会有宜。

去者日以疏，来者日以亲。

古墓犁为田，松柏摧为薪。

相去日已远，衣带日已缓。

三五明月满，四五蟾兔缺。

上言长相思，下言久离别。

著以长相思，缘以结不解。

（"昔为""去者"两联是完全的对仗："菟丝""古墓""三五""上言"诸联是主从仿语与等立仿语相对："相去""著以"两联是半对半不对。）

唐人的古风里，大量地运用这种对仗法，因为这正是古风之所以别于律诗的一个特征。例如：

（甲）五古。

1. 同一字者。

> 宁栖野树林，宁饮涧水流。（王维《献始兴公》）
> 大牛隐层坂，小牛穿近林。（储光羲《牧童词》）
> 一山尽天苑，一峰开道宫。（储光羲《述降圣观》）
> 代马不思越。越禽不恋燕。（李白《古风》）
> 攀天莫登龙，走山莫骑虎。（李白《箜篌谣》）
> 存者无消息，死者委尘泥。（杜甫《无家别》）
> 魂来枫林青，魂返关塞黑。（杜甫《梦李白》）
> 射人先射马，擒贼先擒王。（杜甫《前出塞》）

2. 同二字者。

> 摘取芙蓉花，莫摘芙蓉叶。（王昌龄《越女》）
> 徘徊双峰下，惆怅双峰月。（刘长卿《宿双峰寺》）
> 吏呼一何怒！妇啼一何苦！（杜甫《石壕吏》）
> 朝行青泥上，暮在青泥中。（杜甫《泥功山》）

3. 同三字者。

> 在山泉水清，出山泉水浊。（杜甫《佳人》）
> 高者未必贤，下者未必愚。（白居易《涧底松》）
> 分不两相守，恨不两相思。（元稹《古决绝词》）

4. 同四字者。

> 朝亦常苦饥，暮亦常苦饥。（孟云卿《悲哉行》）

（乙）七古。

1. 同一字者。

> 此时惜别讵堪闻？此地相看未忍分。（李白《凤吹笙曲》）
> 君耳唯闻堂上言，君眼不见门前事。（白居易《采诗官》）
> 十一把镜学点妆，十二抽针能绣裳。（白居易《简简吟》）
> 黄鸡催晓丑时鸣，白日催年酉前没。（白居易《醉歌》）

2. 同二字者。

> 苦竹岭头秋月辉，苦竹南枝鹧鸪啼。（李白《山鹧鸪词》）
> 有身莫犯飞龙鳞，有手莫辫猛虎须。（李白《对雪醉后》）
> 贪吏害民无所忌，奸臣蔽君无所畏。（白居易《采诗官》）

3. 同三字者。

> 先生有道出羲皇，先生有才过屈宋。（杜甫《醉时歌》）
> 遂州城中汉节在，遂州城外巴人稀。（杜甫《去秋行》）
> 胡旋之义世莫知，胡旋之容我能传。（元稹《胡旋女》）

4. 同四字者。

> 君勿矜我玉可切，君勿夸我钟可制。（白居易《鸦九剑》）

最后，我们谈到两联相对，就是上一联和下一联相为对仗。例如：

> 相思长相思，相思无限极。相思苦相思，相思损容色。（陈羽《长相思》）
> 太行之路能摧车，若比人心是坦途。巫峡之水能覆舟，若比人心是安流。（白居易《太行路》）
> 为君熏衣裳，君闻兰麝不馨香。为君盛容饰，君看金翠无颜色。

（同上。）

但是，这种对仗往往只有一部分或一两个字在字面上是相对的（同字或异字相对均可）；余字或错综相对，或意对词不对。例如：

头上何所有？翠微盍叶垂鬓唇。背后何所见？珠压腰衱稳称身。（杜甫《丽人行》）

昔没贼中时，潜与子同游。今归行在所，王事有去留。（杜甫《送韦十六》）

昔公为善日不足，假寐待旦朝至尊。今君三十朝未与，得不寸晷倍珥璠？（元稹《去杭州》）

去岁嘉禾生九穗，田中寂寞无人至；今年瑞麦分两岐，君心独喜无人知。（白居易《牡丹芳》）

三月无雨旱风起，麦苗不秀多黄死；九月降霜秋早寒，禾穗未熟皆青干。（白居易《杜陵叟》）

不如林中鸟与鹊，母不失雏雄伴雌；应似圃中桃李树，花落随风子在枝。（白居易《母别子》）

两联相对，白居易最喜欢用。他喜欢到那种程度，甚至于用到律诗里去。然而这种对仗终当认为古风所独有，而它和同字相对往往是互相为用的。

第四章　词

第一节　词的概说

　　古人称词为诗余，因此又有人称曲为词余，其实词曲都是广义的诗的一种。如果先叙述了词曲再叙述白话诗，咱们就觉得白话诗来得并不突兀。

　　词的来源，可以从两方面来说。若从"被诸管弦"一方面说，词是渊源于乐府的；若从格律一方面说，词是渊源于近体诗的。最初的时候，所谓词（亦称为曲），除了配乐之外，它的体制是和诗完全相同的。反过来说，一首绝句或一首律诗，如果配上了音乐，即刻可以变为词。例如下面所引李白的《清平调》，在文字的格律上完全是一首近体七绝，然而被认为词（见万树《词律》）：

　　　　云想衣裳花想容，春风拂槛露华浓。
　　　　若非群玉山头见，会向瑶台月下逢。

又如刘禹锡的《纥那曲》，俨然是一首近体五绝；然而也被认为词（见《尊前集》）：

　　　　踏曲兴无穷，调同辞不同。
　　　　愿郎千万寿，长作主人翁。

　　由此看来，单从这种地方上说，诗和词是没有明显的界限的。本来，一种体裁的转变，只能是一种渐变，不能是一种突变，因此，诗和词自然不能划若鸿沟。不过，初型的词虽然除了配乐一点之外就和近体诗没有分别，及其全盛的时代，却是和近体诗大不相同了的。标准的词，必须具备了下列三个特点：

（一）全篇固定的字数；

（二）长短句；

（三）律化的平仄。

近体律绝具备了词的（一）（三）两点，却缺乏第二点；杂言古风具备了词的第二点，却缺乏（一）（三）两点；古乐府有些是具备了词的（一）（二）两点的，却缺乏第三点。依照这个标准，词非但和"诗"有了分别，而且和古乐府也有了分别。它的定义该是：

一种律化的、长短句的、固定字数的诗。

词的定义既明，现在我们可以谈它的产生时代了。徐矩《事物原始》云："词始于李太白；《菩萨蛮》等作乃后世倚声填词之祖。"今按：相传李白有《桂殿秋》《清平调》《菩萨蛮》《忆秦娥》《清平乐》《连理枝》诸词。其中《菩萨蛮》和《忆秦娥》两词，被认为"百代词曲之祖"（见郑樵《通志》）。

> 游人尽道江南好，游人只合江南老。未老莫还乡，还乡空断肠。
> 绣屏金屈曲，醉入花丛宿。春水碧于天，画船听雨眠。
>
> ——《菩萨蛮·其一》

> 平林漠漠烟如织，寒山一带伤心碧。暝色入高楼，有人楼上愁。
> 玉阶空伫立，宿鸟归飞急。何处是归程？长亭连短亭。
>
> ——《菩萨蛮·其二》

> 举头忽见衡阳雁，千声万字情何限！叵耐薄情夫，一行书也无。
> 泣归香阁恨，和泪掩红粉。待雁却回时，也无书寄伊。
>
> ——《菩萨蛮·其三》

> 箫声咽，秦娥梦断秦楼月。秦楼月，年年柳色，灞陵伤别。
> 乐游原上清秋节，咸阳古道音尘绝。音尘绝，西风残照，汉家陵阙。
>
> ——《忆秦娥》

《菩萨蛮》和《忆秦娥》自然是标准的词，但许多人疑心不是李白所作（例如《词苑丛谈》）。《桂殿秋》《清平乐》和《连理枝》也都非常可疑。余下只有《清平调》。如上文所论，《清平调》并没有词的特点，只可认为配乐的近体诗（"新乐府"）而已。

在李白之前及与李白同时者，有李景伯、沈佺期、裴谈的《回波乐》，崔液的《踏歌词》，张说的《舞马词》，玄宗的《好时光》，贺知章的《柳枝》等。然而《回波乐》和《舞马词》都是六言诗，《踏歌词》是五言三韵小律的变相，《阿那曲》是七言仄韵绝句，《柳枝》是近体七绝，都不是标准的词。现在各举一例如下：

回波尔时佺期，流向岭外生归。
身名已蒙齿录，袍笏未复牙绯。

——沈佺期《回波乐》

万玉朝宗凤宸，千金率领龙媒。
眄鼓凝骄蹙蹀，听歌弄影徘徊。

——张说《舞马词》

彩女迎金屋，仙姬出画堂。
鸳鸯裁锦袖，翡翠贴花黄。
歌响舞分行，艳色动流光。

——崔液《踏歌词》

（第五句入韵，与五言三韵小律稍异。）

碧玉妆成一树高，万条垂下绿丝绦。
不知细叶谁裁出，二月春风似剪刀。

—— 贺知章《柳枝》

余下来的只有唐明皇的《好时光》。假使这词真是唐明皇仿的，那就算他是词的创始者了：

宝髻偏宜宫样，莲脸嫩，体红香。眉黛不须张敞画，天教入鬓长。
莫倚倾国貌，嫁取个，有情郎。彼此当年少，莫负好时光。

——唐玄宗《好时光》

然而这词的韵脚相隔太远，非但不能产生于盛唐，甚至不能产生于五代。看它所用的语言，大约是南宋以后的伪作。大抵一种新体裁的兴起，必由于社会的一种风气；决不会突如其来，也不会戛然而止的。假使唐玄宗时代就有了《好时光》一样的词，早就该产生了元曲那样的曲了。

此外，像韦应物和王建的《三台》是近体六言绝句，顾况的《竹枝》，元结的《欸乃曲》（疑即《阿那曲》），刘禹锡、白居易的《杨柳枝》《竹枝》和《浪淘沙》，都是近体的七绝，刘禹锡的《抛球乐》是五言三韵小律，都只算是新乐府，不是正式的词。现在各举一例于下：

一年一年老去，明日后日花开。
未报长安平定，万国岂得衔杯？

——韦应物《三台》

鱼藻池边射鸭，芙蓉苑里看花。
日色赭袍何似？不着红鸾扇遮。

——王建《宫中三台》

帝子苍梧不复归，洞庭叶下荆云飞。
巴人夜唱竹枝后，肠断晓猿声渐稀。

——顾况《竹枝》

金谷园中莺乱飞，铜驼陌上好风吹。
城中桃李须臾尽，争似垂杨无限时。

——刘禹锡《杨柳枝》

白帝城头春草生，白盐山下蜀江清。

南人上来歌一曲，北人莫上动乡情。

——刘禹锡《竹枝》

瞿塘峡口水烟低，白帝城头月向西。
唱到竹枝声咽处，寒猿闇鸟一时啼。

——白居易《竹枝》

一泊沙来一泊去，一重浪灭一重生。
相搅相淘无歇日，会教山海一时平。

——白居易《浪淘沙》

五色绣团圆，登君玳瑁筵。
最宜红烛下，偏称落花前。
上客如先起，应须赠一船。

——刘禹锡《抛球乐》

有一点值得注意：形式相同的调子，词牌不一定相同。譬如同是七绝，而分别称为《清平调》《欸乃曲》《杨柳枝》《竹枝》《浪淘沙》等。有许多词牌本是诗题。譬如上文所述，《踏歌词》咏的是舞，《舞马词》咏的是舞马，《欸乃曲》咏的是泛舟，《杨柳枝》咏的是柳，《浪淘沙》咏的是浪淘沙，《抛球乐》咏的是绣球（《谪仙怨》《渔父》《忆江南》《潇湘神》等等，莫不如此，见下文）。直到后代，才渐渐地离开"本意"了。

有些词本是十足的一首律诗，例如刘长卿的《谪仙怨》：

晴川落日初低，惆怅孤舟解携。
鸟向平芜远近，人随流水东西。
白云千里万里，明月前溪后溪。
独恨长沙谪去，江潭春草萋萋。

这只是一首六言律诗，非但黏对合律，颔联和颈联的对仗也是合律的。不过，因为中间空一格，写成双叠，就俨然是一首词了。又如皇甫松的《怨回纥》：

白首南朝女，愁听异域歌。

收兵颉利国，饮马胡卢河。

毳布腥膻久，穹庐岁月多。

雕窠城上宿，吹笛泪滂沱。

这简直是一首五律。

像《纥那曲》《清平调》《怨回纥》《谪仙怨》一类似诗非诗的词；读起来是诗，唱起来是词。这是诗和词的转折点。由此增减一两个字，就是真正词的开始，例如：

（一）由句句入韵的七言诗变来：

西塞山前白鹭飞。桃花流水鳜鱼肥。

青箬笠，绿蓑衣。斜风细雨不须归。

——张志和《渔歌子》

（二）由普通七绝变来：

湘水流，湘水流。九嶷云物至今秋。

若问二妃何处所，零陵芳草露中愁。

——刘禹锡《潇湘神》

但是，也有不是由近体绝句变来，而是由古乐府变来的，例如：

胡马，胡马，远放燕支山下。

跑沙跑雪独嘶，东望西望路迷。

迷路，迷路，边草无穷日暮。

——韦应物《调笑》

由此看来，长短句的词确已胚胎于盛唐（如张志和张九龄的《渔父》，韦应物的《调笑》），至中唐而渐盛，王建有《宫中调笑》，韩翃有《章台柳》，戴叔伦有《转应曲》（即《调笑》），刘禹锡有《忆江南》《潇湘神》，白居易有《花非花》《忆江南》《宴桃源》《长相思》等等。大约自中唐以后，诗人才意识到近体诗之外，还有另一种诗体。不过，当时还没有叫作词，大约它只被认为"曲"或"乐"之类罢了。

温庭筠是第一个词的大量制造者。相传他有《握兰》《金荃》等集，赵崇祚《花间集》收他的词就有六十六首。词该是经他提倡而更盛的。他所用过的词式，依现在所可知者，共有十九种如下：

1. 南歌子　　2. 荷叶杯　　3. 梦江南（即忆江南）

4. 杨柳枝　　5. 蕃女怨　　7. 遐方怨　　8. 诉衷情

9. 定西番　　10. 思帝乡　　11. 玉蝴蝶　　12. 酒泉子

13. 女冠子　　14. 归国谣　　15. 菩萨蛮　　16. 清平乐

17. 更漏子　　18. 河渎神　　19. 河传　　20. 木兰花

到了温庭筠的时代，词和诗才明显地分了家了。

但是，词和诗分家之后，还不免有多少缪辖。某一些诗的形式或类似诗的形式仍然被用为词式。即以温庭筠的《木兰花》为例，俨然是一首仄韵七律：

家临长信往来道，乳燕双双拂烟草。油壁车轻金犊肥，流苏帐晓春鸡早。

笼中娇鸟暖犹睡，帘外落花闲不扫。衰桃一树近前池，似惜红颜镜中老。

非但黏对和对仗合律，而且出句末字平仄间用，也是合于仄韵律诗的老规矩的。又如韩偓的《生查子》：

侍女动妆奁，故故惊人睡。谁知本未眠，背面偷垂泪。
懒卸凤凰钗，羞入鸳鸯被。时复见残灯，和烟坠金穗。

这是古风式的律诗。至于像侯宝的《瑞鹧鸪》：

　　遥天拍水共空明。玉镜开奁特地晴。极目秋容无限好，举头醉眼暂须醒。

　　白眉公子催行急，碧落仙人著句清。后夜萧萧葭苇岸，一尊独酌见离情。

这简直是一首纯粹的七律。由此可见词和诗的关系始终是密切的。

上文所说的由诗增减一二字而变为词，至南唐以后而此风未息。例如：

（一）由七绝一首减去一字：

　　深院静，小庭空，断续寒砧断续风。

　　无奈夜长人不寐，数声和月到帘栊。

——南唐后主《捣练子》

（二）由七绝两首减去一字：

　　枝上流莺和泪闻，新啼痕间旧啼痕。一春鱼鸟无消息，千里关山劳梦魂。

　　无一语，对芳尊。安排肠断到黄昏。甫能炙得灯儿了，雨打梨花深闭门。

——秦观《鹧鸪天》

这只就其十分显著者来说；至于增减三五字或增减一两句的，例子太多，不能一一列举了。

第二节　词的字数

　　词可分为两个时代：唐五代为第一期；宋以后为第二期。除了意境不在本书范围之内，二者之间的区别是：（一）前者都是短调，后者却兼有长调；（二）前者韵与韵间的距离小，后者则兼有长的距离。关于韵的问题，暂且不论，现在先谈长短的问题。

万树在他的《词律·发凡》里说：

> 自《草堂》有小令、中调、长调之目，后人因之，但亦约略云尔。《词综》所云"以臆见分之，后遂相沿，殊属牵率"者也。钱唐毛氏云："五十八字以内为小令，五十九字至九十字为中调，九十一以外为长调，古人定例也。"愚谓此亦就《草堂》所分而拘执之，所谓"定例"，有何所据？若以少一字为短，多一字为长，必无是理。如《七娘子》有五十八字者，有六十字者，将名之曰小令乎？抑中调乎？如《雪狮儿》有八十九字者，有九十二字者，将名之曰中调乎？抑长调乎？故本谱但叙字数，不分小令中长之名。

少一字为短，多一字为长，固然是太拘泥了，但是，五十八字以内为小令，却是颇有道理，并非"以臆见分之"。上节说过，最初的词大约是由近体律绝增减而成。七言律诗一首或绝句两首共五十六字，依词例分为两叠，若每叠增一个字，恰是五十八字。例如：

> 春色将阑，莺声渐老，红英落尽青梅小。画堂人静雨濛濛，屏山半掩余香袅。
> 密约沈沈，离情杳杳，菱花尘满慵将照。倚楼无语欲销魂，长空黯淡连芳草。
>
> ——寇准《踏莎行》

这是仄韵七绝两首合成的；只把每首的首句添一字，破为两句，就成为一首词了。

若每叠增两个字，却是六十字。例如：

> 谁道闲情抛掷久？每到春来，惆怅还依旧。日日花前常病酒，敢辞镜里朱颜瘦！
> 河畔青芜堤上柳。为问新愁，何事年年有？独立小桥风满袖，平林新月人归后。
>
> ——冯延巳《鹊踏枝》

这也是两首仄韵七绝合成的，只把每首的第二句添两字，破为两句，又在第三句也押韵（前期词以韵密为常）罢了。

此外，还有在首叠增两字，次叠增四字的，例如：

> 暖日闲窗映碧纱，小池春水浸晴霞。数树海棠红欲尽，争忍？玉闺深掩过年华！
>
> 独凭绣床方寸乱，肠断！泪珠穿破脸边花。邻舍女郎相借问，音信，教人休道未还家。
>
> ——欧阳炯《定风波》

这是两首平韵七绝合成，因为参照七律的规矩，所以第五句不入韵。"争忍""肠断""音信"六个字是添进去的，删了它们，意思仍旧连贯得起来。添上它们，无非使韵脚错综变化，不致韵疏而已。

依我们的意见，凡是和律绝的字数相差不远的词，都可以称为小令。我们以为词只需分为两类：第一类是六十二字以内的小令，唐五代词大致以这范围为限（极少的例外如杜牧的《八六子》是可疑的）；第二类是六十三字以外的"慢词"（见下文），包括《草堂诗余》所谓中调和长调，它们大致是宋代以后的产品。

依照《词律》所述，最短的词是《竹枝词》，共十四字：

> 芙蓉并蒂_{竹枝}一心连_{女儿}花侵橘子_{竹枝}眼应穿_{女儿}。（皇甫松）

这是一种民歌的形式，"竹枝""女儿"乃是和声。若连和声算起来，应该不止十四个字。又有十六字令（又名《苍梧谣》）：

> 天！休使圆蟾照客眠。人何在？桂影自婵娟。（蔡伸）

这也是民歌的形式。真正的词最短的是十八字的《闲中好》：

> 闲中好，尘务不萦心。坐对当窗木，看移三面阴。（段成式）

最长的是二百四十字的《莺啼序》：

　　残寒正欺病酒，掩沈香绣户。燕来晚、飞入西城，似说春事迟暮。
画船载、清明过却，晴烟冉冉吴宫树。念羁情、游荡随风，化为轻絮。
　　十载西湖，傍柳系马，趁娇尘软雾。溯红渐招入仙溪，锦儿偷寄幽
素。倚银屏、春宽梦窄，断红湿、歌纨金缕。暝堤空，轻把斜阳，总还
鸥鹭。
　　幽兰旋老，杜若还生，水乡尚寄旅。别后访、六桥无信，事往花萎，
瘗玉埋香，几番风雨！长波妒盼，遥山羞黛，渔灯分影春江宿，记当时、
短楫桃根渡。青楼仿佛。临分败壁题诗，泪墨惨淡尘土。
　　危亭望极，草色天涯，叹鬓侵半苎。暗点检，离痕欢唾，尚染鲛绡，
亸凤迷归，破鸾慵舞。殷勤待写，书中长恨，蓝霞辽海沈过雁，谩相思、
弹入哀筝柱。伤心千里江南，怨曲重招，断魂在否？（吴文英）

最短的词是不分段的，例如上节所举的《渔父》（即《渔歌子》）《潇湘
神》和《调笑》（即《调笑令》），和本节所举的《闲中好》；较长的词则分为
两段，叫作双叠，即前后两阕。不分段的词叫作单调，分两段的词叫作双调。
但所谓长短也并没有绝对的标准。分两段的词可以短到三十四字，例如：

　　何处笛？深夜梦回情脉脉。竹风帘雨寒窗隔。
　　离人数岁无消息。今头白！不眠特此重相忆。

　　　　　　　　　　　　　　　　　　　——欧阳修《归国谣》

不分段的词也可以长到四十四字，例如：

　　西风昨夜穿帘幕，闺院添萧索，最是梧桐零落。迤逦秋光过却，人
情音信难托。鱼雁成耽阁。教奴独自守空房，泪珠与灯花共落。

　　　　　　　　　　　　　　　　　　　——花仲胤妻《伊川令》

前后两阕如果句数相等，字数又相等，完全成为平行状态者，这可认为

正式的双调。这种双调，最短的是三十六字的《长相思》，例如：

汴水流，泗水流，流到瓜洲古渡头。吴山点点愁。
思悠悠，恨悠悠，恨到归时方始休，月明人倚楼。(白居易)

此外例如：

春花秋月何时了？往事知多少？小楼昨夜又东风，故国不堪回首月明中。
雕栏玉砌应犹在，只是朱颜改。问君能有几多愁？恰似一江春水向东流。

——南唐后主《虞美人》

景物因人成胜概，满目更无尘可碍。等闲帘幕小栏杆，衣未解，心先快。明月清风如有待。
谁信门前车马隘，别是人间闲世界。坐中无物不清凉，山一带，水一派。流水白云长自在。

——沈会宗《天仙子》

词以双调为最普通，单调次之，三叠四叠则甚为罕见。四叠只有《莺啼序》一谱（《梁州令》叠韵写成四叠可疑），已见上文。三叠的词有《夜半乐》《宝鼎现》《戚氏》等，现在试举其一为例：

冻云黯淡天气，扁舟一叶，乘兴离江渚。渡万壑千岩，越溪深处。怒涛渐息，樵风乍起，更闻商旅相呼。片帆高举。泛画鹢、翩翩过南浦。
望中酒旆闪闪，一簇烟村，数行霜树。残日下，渔人鸣榔归去。败荷零落，衰杨掩映，岸边两两三三，浣沙游女。避行客、含羞笑相语。
到此因念，绣阁轻抛，浪萍难驻。叹后约，丁宁竟何据？惨离怀，空恨岁晚归期阻。凝泪眼、杳杳神京路。断鸿声远长天暮！

——柳永《夜半乐》

大约是因为字多了才分为三叠四叠，并没有其他的意义。

词有“令”“引”“近”“慢”等名称，大约颇有字数的关系。现在试把这些术语分别诠释于后。

（一）令。——“令”是词牌的通称。因此，许多词牌都可以随便加上一个“令”字。例如：

三台	又名三台令
调笑	又名调笑令
浪淘沙	又名浪淘沙令
上林春	又名上林春令
喜迁莺	又名喜迁莺令
雨中花	又名雨中花令
鹊桥仙	又名鹊桥仙令
洞仙歌	又名洞仙歌令

又有许多词牌是有一个带着“令”字的别名的。例如：

南歌子	又名风蝶令
醉太平	又名四字令
春光好	又名愁倚栏令
清商怨	又名关河令
四和番	又名四犯令
苏幕遮	又名鬓云松令
念奴娇	又名百字令

（二）引。——杜文澜于《词律》卷十所载《千秋岁引》后加按语云：“凡题有‘引’字者‘引申’之义，字数必多于前。”这是说《千秋岁引》是由《千秋岁》增字而成的。现在试举出《千秋岁》和《千秋岁引》比较着看：

雨声萧瑟，初到梧桐响。人不寐，秋声爽。低檐灯暗淡，画幕风来往。谁共赏？依稀记得船篷上。

拍岸浮轻浪，水阔菰蒲长。向别浦，收横网。绿蓑冲暝色，艇子摇双桨。君莫忘：此情犹是当时唱。

—— 叶梦得《千秋岁》

别馆寒砧，孤城画角。一派秋声入寥廓。东归燕从海上去，南来雁向沙头落。楚台风，庾楼月，宛如昨。

无奈被些名利缚；无奈被他情担阁。可惜风流总闲却。当初谩留华表语，而今误我秦楼约。梦阑时，酒醒后，思量著。

—— 王安石《千秋岁引》

依杜文澜的意见，后谱八十二字，比前谱多十字，就是将前谱略为增减而成的。前阕第二句减一字，第三句系将前谱两句合成一句，添一字，后阕第一二句各添二字，第三句也将前谱两句合成一句，添一字。又前后两阕都将第四五句各添二字，末了，又把前谱的两句破为三句。这样，后谱可说是由前谱"引申"出来的了。只有一点，就是后谱比前谱少了一韵，所以万树说"与前词迥别"。我们没法子证明杜文澜的话一定是对的，因为我们没有其他的资料，以为佐证。除了《千秋岁引》之外，词之称为"引"者有下列诸种：

翠华引	法驾导引	江城梅花引（即明月引）	
华清引	琴调相思引	太常引	青门引
东坡引	梅花引	婆罗门引	阳关引
望云涯引	梦玉人引	迷仙引	黄鹤引
蕙兰芳引	清波引	华胥引	遥天奉翠华引
云仙引	迷神引	石州引	

这些都没有和它们相配的词以资比较，例如《翠华引》之前并没有《翠华》或《翠华令》。这样，我们就很难断定"引"是从普通的词"引申"出来的。况且《翠华引》就是《三台令》，更令人疑心"引"就是"令"的别

名。《初学记》云"古琴曲有九引",可见"引"即是"曲"。唐代词称为"曲",因此,"引"也就是词。至于宋代以后,是否有人误以为"引"即原调的"引申"(包括王安石),那又是另一问题了。又曹组有《婆罗门引》,七十六字,柳永有《婆罗门令》,八十六字,虽然两调全不相涉,亦可见"引"不一定比"令"长。

(三)近。——"近"又称"近拍"。词牌加"近"字,也比原词的字多了许多。试比较《诉衷情》和《诉衷情近》:

清晨帘幕卷轻霜。呵手试梅妆。都缘自有离恨,故画作,远山长。

思往事,惜流光。易成伤。拟歌先敛,欲笑还颦,最断人肠。

——欧阳修《诉衷情》

雨晴气爽,伫立江楼望处。澄明远水生光,重叠暮山耸翠。遥想断桥幽径,隐隐渔村,向晚孤烟起。

残阳里,脉脉朱阑静倚。黯然情绪,未饮先如醉。愁无际!暮云过了,秋风老尽,故人千里。竟日空凝睇!

——柳永《诉衷情近》

但是,除了《诉衷情近》有《诉衷情》和它相配之外,其他的"近"词并没有他词可配,甚至"近"字可有可无,例如:

祝英台　　即祝英台近
隔浦莲　　即隔浦莲近
扑蝴蝶　　即扑蝴蝶近
早梅芳　　即早梅芳近

由此看来,"近"也和"引"一样,不一定要先有一词,然后增字为"近"。但是,凡称为"近"的都没有短调,却是事实。除《好事近》的"近"不一定是"引""近"的"近"之外,他如《荔枝香近》七十三字,又七十六字,《郭郎儿近拍》七十三字,《隔浦莲近拍》七十三字,《扑蝴蝶近》七十五字,《祝英台近》七十七字,《红林檎近》七十九字,《早梅芳近》八十字，正是《草堂诗余》所谓中调。

王易先生《词曲史》里对于"引""近"有下列的解释（页一〇九）：

> 凡大曲联多遍之曲以成一大篇，谓之"排遍"。则开首有"引"焉。
> 引而长之，亦引首之义也。有歌头焉，有散序焉，有中序焉。序者叙也，
> 有铺叙之义。迨曲将半，则有催衮焉。催者，所以催舞拍也。"衮"又作
> "滚"，亦以滚出舞拍也。亦曰"近拍"，谓近于入破，将起拍也。故凡近
> 词皆句短韵密而音长，与"引"不同。

依照这一种说法，"引"并不是就原词引申，"近"也不是就原词扩充。它们
还牵涉到句的长短，韵的疏密，等等。

但是，王易先生的说法只是可备一说；实际上，"引"和"近"是颇难下
一个确当的定义的。就普通说，"引"和"近"都比"令"长些。唐代无所
谓"令""引""近"；南唐后主有《浪淘沙令》和《三台令》，然而宋代以前
还没有所谓"引""近"。如上文所说，既然唐五代只有短调，而"引""近"
之名始于宋人，那么，即使"引""近"别无深意，也只有宋人新制的词（或
更变词牌）才可以称为"引"或"近"。我们只能以知其大略为满足，不能深
究了。

（四）慢。——吴曾《能改斋漫录》云：

> 词自南唐以来，但有小令。其慢词起自仁宗朝。中原息兵，汴京繁
> 庶，歌台舞榭，竞赌新声。耆卿失意无聊，流连坊曲，遂尽收俚俗语言，
> 编入词中，以便伎人传唱。……其后东坡少游山谷辈相继有作，慢词遂
> 盛。（胡云翼《词学 ABC》页三八，王易《词曲史》页一一〇，皆引
> 此段。）

"慢"的特征就是字数增多。这种情形最为显明，不像"引""近"那样难于
求证。试看下面原词与慢词字数的比较：

浪淘沙	五十四字	浪淘沙慢	一百三十三字
江城子	七十字	江城子慢	一百〇九字

上林春	四十字	上林春慢	一百〇二字
浣溪沙	四十二字	浣溪沙慢	九十三字
丑奴儿	四十四字	丑奴儿慢	九十字
卜算子	四十四字	卜算子慢	八十九字
锦堂春	四十八字	锦堂春慢	九十九或一百〇一字
西江月	五十字	西江月慢	一百〇三字
雨中花	五十一字	雨中花慢	九十六字
木兰花	五十二字	木兰花慢	一百〇一字
鼓笛令	五十五字	鼓笛慢	一百〇六字
谢池春	六十六字	谢池春慢	九十字
声声令	六十六字	声声慢	九十六或九十七字
惜黄花	七十字	惜黄花慢	一百〇八字
粉蝶儿	七十二字	粉蝶儿慢	九十六字

我们现在有一个问题：慢词是由同调的令词增衍而成的呢，还是只借令词原名，实际上和那令词的形式毫无关系的呢？我们倾向于相信后者。词律于《西江月慢》后注云："与《西江月》本调无涉。"又于《江城子慢》后注云："与江城本调全异。"其他各词恐怕都是这样的。试把《浣溪沙》和《浣溪沙慢》比较于下：

枕障熏炉冷绣帷，二年终日苦相思。杏花明月尔应知。
天上人间何处去？旧欢新梦觉来时。黄昏微雨画帘垂。

——张曙《浣溪沙》

水竹旧院落，樱笋新花果。嫩英翠幄，红杏交榴火。心事暗卜，叶底寻双朵。深夜归青琐。灯尽酒醒时，晓窗明，钗横鬓嚲。
怎生那？被间阻时多。奈愁肠数叠，幽恨万端，好梦还惊破。可怪近来，传语也无个！莫是瞋人呵？真个若瞋人，却因何逢人问我？

——周邦彦《浣溪沙慢》

我们实在找不出《浣溪沙慢》有从《浣溪沙》演化出来的痕迹。依我们猜想：

宋人自制新声之后，往往借用旧词牌以便记忆，又为避免和旧词牌混乱起见，于是加上一个"慢"字。"慢"就是快慢的慢，因为词长，多费时间，所以叫作"慢"。《填词名解》云："案词以慢名者，慢曲也；拖音袅娜，不欲辄尽。"这话恐怕是不对的，若以每字所占的时间而论，慢词里的字倒反应该很快地唱过去，因为慢词往往韵疏，韵疏就不能不用短拍子了。

自从新声以"慢"为名之后，有些本调倒反被冷落了。例如《声声慢》，它比《声声令》常见得多了。因此咱们可以想见，有些本调已经失传，单剩慢词流行于世。例如《玉女迎春慢》《扬州慢》《国香慢》《瑞雪浓慢》《瑶花慢》《石州慢》《潇湘逢故人慢》《惜余春慢》《苏武慢》《紫萸香慢》等。不过，还有一种可能：就是慢词盛行之后，不一定要有本调才可称"慢"；那时"慢"只等于普通所谓"曲"，因此"慢"字用不用都无所谓了。例如：

长相思慢　　即长相思（一百○三字的一种）

卓牌子慢　　即卓牌子

倦寻芳慢　　即倦寻芳

庆清朝慢　　即庆清朝

西子妆慢　　即西子妆

长亭怨慢　　即长亭怨

西平乐慢　　即西平乐

拜星月慢　　即拜星月（或作拜新月）

夜飞鹊慢　　即夜飞鹊

此外，还有一些术语是关于字数的增减的，现在附带加以叙述。

（1）摊破。——摊是摊开，破是破裂。把一句破为两句，叫作破；字数也略有增加，叫作摊。南唐中主（李璟）有《摊破浣溪沙》一词，最为标准。现在把他自己所做的《浣溪沙》拿来比较，如下：

风压轻云贴水飞。乍晴池馆燕争泥。沈郎多病不胜衣。

沙上未闻鸿雁信，竹间时有鹧鸪啼。此情惟有落花知！

——南唐中主《浣溪沙》

菡萏香销翠叶残。西风愁起绿波间。还与韶光共憔悴，不堪看。
细雨梦回鸡塞远，小楼吹彻玉笙寒。多少泪珠何限恨？倚栏干。

———南唐中主《摊破浣溪沙》

这里所谓摊破，就是把本调每阕的第三句破为两句，又把原来的七个字摊为十个字。因此，本来四十二字的《浣溪沙》，一经摊破之后，就变了四十八字了。

此外，又有《摊破丑奴儿》（又名《摊破采桑子》）一谱，却和这个原则大不相同。现在举出《丑奴儿》和《摊破丑奴儿》各一例，以资比较：

蜻蛱领上诃梨子，绣带双垂。椒户闲时，竞学樗蒲赌荔枝。
丛头鞵子红编细，裙窄金丝。无事颦眉，春思翻教阿母疑。

———和凝《丑奴儿》

树头红叶飞都尽，景物凄凉。秀出群芳，又见江梅浅淡妆。也啰！
真个是可人香！
兰魂蕙魄应羞死，独占风光。梦断高堂，月送疏枝出女墙。也啰！
真个是可人香！

———赵长卿《摊破丑奴儿》

这里所谓摊破，却只是就本调之外加上"和声"而已。咱们自然应该以《摊破浣溪沙》为正例。

（2）减字或偷声。———"减字"是比本调减少字数，"偷声"也差不多是一样的意思。现在举出《木兰花》《减字木兰花》《偷声木兰花》各一首，以资比较：

花残却似春留恋，几日余香吹酒面。湿烟不隔柳条青，小雨池塘初有燕。
波光纵使明如练，可奈落红纷似霰！解将心事诉东风，只有啼莺千种啭。

———叶梦得《木兰花》

雨帘高卷，芳树阴阴连别馆。凉气侵楼，蕉叶荷枝各自秋。

前溪夜舞，化作惊鸿留不住。愁损腰肢，一桁香销旧舞衣。

——吕渭老《减字木兰花》

云笼琼苑梅花瘦，外院重扉联宝兽。海月新生，上得高楼没奈情！

帘波不动银釭小，今夜夜长争得晓？欲梦荒唐（一作"高唐"），只

恐觉来添断肠（一作"恐觉来时"）！

——张先《偷声木兰花》

《木兰花》五十六字，《减字木兰花》四十四字，《偷声木兰花》五十字，可见减字或偷声都是把字数减少。但减字或偷声都共用四个韵，在这一点上它们相同，而它们和本调大不相同。

（3）促拍。——促拍和偷声恰恰相反。偷声是减字，促拍却是添字。例如：

得意许多时。长醉赏月下花枝。暴风急雨年年有，金笼锁定，莺雏燕友，不被鸡欺。

红旆转逶迤，悔无计千里追随。再来重绾泸南印，而今目下，恓惶怎向，日永春迟！

——黄庭坚《促拍丑奴儿》

万树云："此调准作促拍。"杜文澜批驳道："促拍者，促节短拍，与减字仿佛。此调字数多于《丑奴儿》，不能以促拍名之也。"我们以为促拍该是添字，像此调每阕第二韵和第三韵相隔十九字，正应该促节短拍，以求谐和。

第三节　词的对仗及语法上的特点

现在我们要谈一谈对仗。词的对仗和律诗的对仗颇有不同：（一）词是长短句，许多地方不适宜于用对仗，故必须一连两句字数相同的时候，对仗才是可能的；（二）律诗的对仗有一定的地方，词的对仗没有一定的地方；（三）

律诗在原则上是以平对仄，以仄对平，词则不拘。现在依次叙述如下。

（一）相连的两句字数相同，即有成为对仗的可能。其以用对仗为常者，例如：

《阮郎归》后第一二句　花露重，草烟低（欧阳修）。

《摊破浣溪沙》后第一二句　细雨梦回鸡塞远，小楼吹彻玉笙寒（南唐中主）。

《西江月》前后第一二句　宝髻松松挽就，铅华淡淡妆成……相见争如不见，有情还似无情（司马光）。

《南歌子》前后第一二句　日薄花房绽，风和麦浪轻……已改煎茶火，犹调入粥锡（苏轼）。

《河满子》前后第一二句　无语残妆淡薄，含羞辈袂轻盈……笑靥嫩疑花坼，愁眉翠敛山横（毛熙震）。

《踏莎行》前后第一二句　碧海无波，瑶台有路……绮席凝尘，香闺掩雾（晏殊）。

《凤凰台上忆吹箫》前第一二句　香冷金猊，被翻红浪（李清照）。

《解语花》前第一二句　行歌趁月，唤酒延秋（周邦彦）。

由此看来，对仗多在前阕起二句或后阕起二句（称为虾须格），这除了修辞上的理由之外，恐怕和词调的模仿颇有关系。有许多新调并不是凭空杜撰出来的，只是脱胎于某一旧调，因此，对仗的位置往往就照旧了。

但是，相连的两句字数不相同的时候，也有可以用对仗的。那就是上五下四的两句。上句虽有五个字，实际上是四字句前面再加一字豆，所以就不妨用对仗了。例如：

《玉漏迟》后第二三句　奈新燕传情，旧莺饶舌（程垓）；记掩扇传歌，剪灯留语（吴文英）。

《满庭芳》后第四五句　渐酒空金榼，花困蓬瀛（秦观）；且莫思身外，长近尊前（周邦彦）；命玳簪促席，云鬟分行（晁端礼）；问横空皎月，匝地寒霙（葛立方）；有新翻杨柳，细抹丝簧（汪革）；但身为利琐，心被名牵（吴潜）。

《凤凰台上忆吹箫》前第四五句　爱箫声缥缈，帘影玲珑（马洪）。

《暗香》后第三四句　想月湿断矶，云弄疏影（赵以夫）；正雁水夜清，卧虹平帖（吴文英）；怅雁渚渡闲，鹭汀沙积（陈允平）。

《声声慢》（平韵）后第二三句　正烟横岭曲，月浸溪湾（吴潜）；几传杯吊甫，把酒招潜（吴文英）；正风吟莎井，月碎苔阴（吴文英）；想筵边呼棹，橘后思书（王沂孙）；任露沾轻袖，月转空梁（史可堂）。

《锁窗寒》后第三四句　怅玉筝埋云，锦袍归水（张炎）；待移灯剪韭，试香温鼎（张炎）。

《换巢鸾凤》前第二三句　正愁横断坞，梦绕溪桥（史达祖）。

《高阳台》后第二三句　问谁调玉髓，暗补香瘢（吴文英）；正十分皓月，一半春光（吴文英）；但苔深韦曲，草暗斜川（张炎）；任船依断石，袖里寒云（张炎）；渐潮痕雨渍，面色风皴（王亿之）；旋安排玉勒，整顿雕轮（僧晦）；对一川平野，一片闲云（张翥）。

这种带一字豆的对仗却不能在每阕的起二句；它们多数在第二三句。而且这种对仗只是随便的，不是必需的。

（二）词的对仗并不像律诗那样有硬性的规定；因此，即使相连的两句字数相同，也不一定要用对仗。像下面诸例，某一些词人用对仗的地方，另一些词人是不用的：

用对仗的：

　　思往事，惜流光。（欧阳修《诉衷情》）
　　宝篆烟销龙凤，画屏云锁潇湘。（黄庭坚《画堂春》）
　　碧云天，黄叶地……黯乡魂，追旅思。（范仲淹《苏幕遮》）
　　挂轻帆，飞急桨。（苏轼《祝英台近》）
　　江流清浅外，山色有无中。（赵师侠《水调歌头》）
　　有东南佳气，西北神州。（辛弃疾《声声慢》）
　　永昼端居，寸阴虚度。（苏轼《水龙吟》）

不用对仗的：

还更毒，又何妨。（赵长卿）

柳外画楼独上，凭阑手捻花枝。（徐俯）

老相邀，山作伴……似惊鸿，吹又散。（周紫芝）

记临岐，销黯处。（赵长卿）

离愁晚如织，托酒与消磨。（赵长卿）

叹周郎老去，鬓改花羞。（周密）

清净无为，坐忘遣照。（苏轼）

这种自由的情形，以带一字豆的句子为尤甚；它们在原则上是不用对仗的，不过词人可以随便运用罢了。

（三）最重要的一点是不限定平仄相对；在律诗的对仗里，所谓一三五不论，二四六分明，第二第四及第六字是必须以平对仄，以仄对平（特拗是例外）的；在词的对仗里却不然，非但普通第二第四字不必平仄相对，甚至对仗的句脚也可以俱仄或俱平。例如：

醉太平　情高意真，眉长鬓青（刘过）。

鹊桥仙　纤云弄巧，飞星传恨（秦观）。

青玉案　一川烟草，满城风絮（贺铸）。

千秋岁　花影乱，莺声碎（秦观）。

千秋岁　齐歌云绕扇，赵舞风回带（黄庭坚）。

潇湘夜雨　香渐远，长烟袅穟；光不定，寒影摇红（赵长卿）。

满江红　书底青瞳如月样，镜中黑鬓无霜处（晏几道）。

玉漏迟　晴丝罩日，绿阴吹雾（吴文英）。

还有更特别的现象，就是韵脚和韵脚相对。在律诗里，除首联外，韵脚绝不能与韵脚相对，因为诗的韵脚是句子的终点，于对仗是不相宜的；至于词呢，韵脚不一定表示句子的终点，于是对仗就变为可能的了。试看下面的一些例子：

醉太平（平韵）　芙蓉绣褥，江山画屏（戴复古）。

醉太平（仄韵）　态浓意远，眉翠笑浅（辛弃疾）。

一剪梅　春到三分，秋到三分（吴文英）。

相见欢　剪不断，理还乱（南唐后主）。

天仙子　衣未解，心先快……山一带，水一派（沈会宗）。

谒金门　斗鸭阑干独倚，碧玉搔头斜坠（冯延巳）。

离亭燕　云际客帆高挂，烟外酒旗低亚（张升）。

天仙子　堂阜远，江桥晚……旗影转，鼙声断（张先）。

如梦令　莺嘴啄花红溜，燕尾剪波绿皱（秦观）。

千秋岁　密意无人寄，幽恨凭谁洗（谢逸）。

　　这种同声相对可细分为两类：第一类是同字相对；第二类是异字相对。同字相对又可细分为两类：（一）相同的字不在韵脚者，如"红了樱桃，绿了芭蕉"；（二）相同的字在韵脚（或同时有不在韵脚）者，如"春到三分，秋到三分"。有些词调是以同字相对为常者，如《一剪梅》；有些却是不拘同字或异字。如《东风第一枝》和《解佩令》：但就一般的词说起来，还是异字相对占大多数。

　　由同字相对，我们联想到同字叶韵。这和诗里同字异义的叶韵不同；词里的同字叶韵，非但同字，而且同义。诗里同字叶韵，只是两个韵脚偶然相同；词里的同字叶韵却是叠篇自始至终，用同一的韵脚。这种体裁，叫作"福唐独木桥体"（"福唐"义未详）。例如：

　　黄花深巷，红叶低窗，凄凉一片秋声。豆雨声来，中间夹带风声。疏疏二十五点，丽谯门，不锁更声。故人远，问谁摇玉佩，檐底铃声。
　　彩角声吹月坠，渐连营马动，四起笳声。闪烁邻灯，灯前尚有砧声。知他诉愁到晓，碎哝哝、多少蛩声。诉未了，把一半分与雁声。

——蒋捷《声声慢》

　　此外，像刘克庄《转调二郎神》五首都是全篇用"省"字做韵脚，石孝友《惜奴娇》全篇用"你"字做韵脚，辛弃疾《柳梢青》全篇用"难"字做韵脚，都是这一类。但若全篇用一个虚字煞韵，则虚字的前面一个字也还需要押韵；《诗经》《楚辞》都是这个办法，词人们就是模仿《诗经》《楚辞》的押韵法的。例如：

> 玉霜生穗也，渺洲云翠痕，雁绳低也。层帘四垂也；锦堂寒，早近开炉时也。香风递也，是东篱花深处也。料此花伴我仙翁，未肯放秋归也。
>
> 嬉也，缯波稳舫，镜月危楼，醱琼酏也。笼鹦睡也，红妆旋舞衣也。待纱灯客散，纱窗月上，便是严凝序也。换青毡，小帐围春，又还醉也。
>
> ——蒋捷《瑞鹤仙·寿东轩》

（注意）这是模仿《诗经》的押韵法。"也"字前一字非但平仄通押，而且支鱼通押，这是因为它们不在句末，所以从宽。

> 听兮，清珮琼瑶些，明兮，镜秋毫些。君无此去，流昏涨腻，生蓬蒿些。虎豹甘人，渴而饮汝，宁猿猱些。大而流江海，覆舟如芥，君无助狂涛些。
>
> 路险兮山高些，愧予独处无聊些。冬槽春盎，归来为我制松醪些。其外芳芬，团龙片凤，煮云膏些。古人兮既往，嗟予之乐，乐箪瓢些。
>
> ——辛弃疾《水龙吟·咏瓢泉》

（注意）这是模仿《楚辞》的押韵法。词中杂以"兮"字，更像《楚辞》。

词的语法和近体诗的语法没有什么分别。唯有"一字豆"为近体诗所无，于是它所表现的语法也有特殊的地方。依普通语法，副词总是置于主语之后及其所修饰的谓词之前的，如"人渐老""花正开"等。在词里，副词可提到主语的前面，如秦观《满庭芳》"渐酒空金榼，花困蓬瀛"，王安石《桂枝香》"正故国晚秋，天气初肃"。现在再举出一些例子：

> 正水落晚汀，霜老枯荻。（唐珏《桂枝香》）
> 渐暝色朦胧，暗迷平楚。（叶小鸾《桂枝香》）
> 又乱叶打窗，蛩韵凄切。（陈允平《桂枝香》）
> 渐翠减凉痕，腥浮寒血。（蒋捷《瑞鹤仙》）

便间阖轻排，虹河平溯。（吴文英《齐天乐》）
方春意无穷，青空千里。（张先《庆春泽》）

此外，还有一种情形，是副词后面有所省略。譬如"但"等于"但有""但见"或"但觉"，"更"等于"更有"，"空"等于"空余"，"尽"等于"尽有"，"甚"等于"为甚"，等等。例如：

但寒烟衰草凝绿。（王安石《桂枝香》）
但梦魂迢递，长到吴门。（周邦彦《满庭芳》）
更冥冥一帘花雨。（向子諲《水龙吟》）
更一番雨过，彩云无迹。（刘克庄《满江红》）
更谁家横笛，吹动浓愁。（李清照《满庭芳》）
空点点年华别泪。（吴文英《解语花》）
尽湖南山明水秀。（黄庭坚《蓦山溪》）
甚闲人犹自未闲？（张炎《声声慢》）
甚等闲却为鲈鱼归速？（辛弃疾《满江红》）
甚此夕偏饶对歌临怨！（吴文英《玉漏迟》）

本来，唐五代的词里还没有"一字豆"，因此，上述的两种情形只能产生于宋代：北宋还是很少，南宋渐渐多起来。最特别的要算下面这一类的例子：

尚岩花娇黄半吐。（袁去华《瑞鹤仙》）
尚隐约当时院宇。（张炎《瑞鹤仙》）
几传杯吊甫，把酒招潜。（吴文英《声声慢》）
湛一溪晴绿。（侯置《瑞鹤仙》）
渺平芜烟阔。（吴文英《尾犯》）

"尚岩花娇黄半吐"等于说"岩花尚娇黄半吐"，这是词序的变换；"尚隐约当时院宇"大致等于说"尚隐约可见当时院宇"，"几传杯吊甫"大致等于说"几度传杯吊甫"，这是省略。至于"湛一溪晴绿"，等于说"一溪湛然晴绿"，"渺平芜烟阔"等于说"平芜渺渺烟阔"，则又是二者兼而有之了。（吕

渭老《苏武慢》"瘦一枝梅影"与此近似，只"瘦"字是形容词而非副词)

另有一种"一字豆"是用动词的，例如陈允平《瑞鹤仙》"爱树色参差，湖光渺漠"，"爱"字后面八个字是它的目的语。这种目的语就作用上说大致等于拉丁所谓受格（accusative case）；但是还有一种近似拉丁所谓与格（dative case）的，例如康与之《瑞鹤仙》"怅姑苏台上征帆何许"，比"怅"字更近于费解者，则有"快"字。例如：

> 快晚风吹帽，满怀空碧。（辛弃疾《满江红》）
> 快酒兵长俊，诗坛高筑。（同上。）
> （这"快"是"愉快"的"快"。）

还有"恍"字，例如：

> 恍夜色明于晴昼。（张埜《玉漏迟》）

但"恍"字也许该认为状语。总之，这种句法，非但是唐人所未有，连宋人的近体诗中，也非常罕见的。

两个极端。一般说起来，词比律诗更接近口语；但是，也有少数的词调是"古文式"的。这样，就形成了两个极端：一个极端是纯粹的白话，另一个极端非但是文言，而且近似散文（不像韵文）。

纯粹白话的词虽不很多。但是部分白话的词却不很少。柳永、苏轼、黄庭坚、秦观等人的词里，都尽量地运用口语里的语汇。像下面的几个例子，差不多竟是全用白话写出的：

> 幸自得。一分索强，教人难吃。好好地，恶了十来日！恰而今、较些不？
> 须管啜持教笑，又也何须胝织？衠倚赖脸儿得人惜。放软顽、道不得！
>
> ——秦观《品令》

> 一琐窗儿明快，料想那人不在。熏笼脱下旧衣裳，件件香难赛。

匆匆去得忒煞，这镜儿也不曾盖。千朝百日不曾来，没这些儿个采！

——刘过《竹香子》

古文式的词调和这种恰恰相反，它是努力避免白话的字眼，模仿着古文的格调，多用散文里的虚字如"之""乎""者""也""矣""耳"之类。在内容上，它和一般的词也不相同：一般的词是写情或写景的，古文式的词却是说理的。这种说理的词可以《哨遍》为代表。《哨遍》往往是把古文一篇改为一首词，如王安中《哨遍》演孔稚珪《北山移文》，苏轼《哨遍》演陶潜《归去来辞》，刘克庄《哨遍》演韩愈《送李愿归盘谷序》，辛弃疾《哨遍》演庄周《秋水》篇，等等。兹试举辛弃疾一首为例：

蜗角斗争，左触右蛮，一战连千里。君试思：方寸此心微。总虚空、并包无际，喻此理，何言泰山毫末，从来天地一稊米！嗟小大相形，鸠鹏自乐，之二虫又何知？记跖行仁义孔丘非！更殇乐长年老彭悲！火鼠论寒，冰蚕语热，定谁同异？

噫！贵贱随时，连城才换一羊皮！谁与齐万物？庄周吾梦见之。正商略遗篇，翩然顾笑，空堂梦觉题秋水。有客问洪河，百川灌雨，泾流不辨涯涘。于是焉，河伯欣然喜，以天下之美尽在己，渺沧溟，望洋东视，逡巡向若惊叹。谓我非逢子，大方达观之家未免悠然笑耳！此堂之水几何其？但清溪一曲而已！

——辛弃疾《哨遍》

第四节 词谱举例

一、取录标准

普通的词谱，都是举出某人的一首词来，作为示范，而于字之平仄不拘者，则加以注明。这种办法自然有它的好处，例如非但可见其平仄，而且可见用上用去或用入；非但可仿其声调，而且可仿其对仗或叠字的地方。但是它的缺点则是：（一）全词录出而后加注，则篇幅太繁，如能制为简谱，可省篇幅数倍，乃至数十倍：（二）词的平仄变化虽多，然而那些最常用的形式可以归纳成为若干种，若仅录词句，就不容易看出相同的地方来。

《词律》共载六百六十调，一千一百八十余体；《拾遗》补载一百六十五调，一百七十九体，又补体三百十六，连《词律》原书合计，共八百二十五调；一千六百七十余体。现在我们为篇幅所限，不想把这一千六百七十余体完全录出。况且有些词调非常罕见，也值不得录出；有些虽在唐五代颇为常见，后代却变为罕用，也没有为它们制谱的必要了。起初，我们想根据《白香词谱》共取词百首，后来觉得，以词谱而论，这书并非一部好书，因为有时候它只顾收录"好的"词，却不管那词是否可作为声律上的规范。譬如《声声慢》以平韵为最常见，《白香词谱》偏要录取仄韵的；即以仄韵的而论，高观国的一首较合准绳的不取，却偏要了李清照的不讲声律的一首。他如《荆州亭》《锦缠道》《陌上花》《潇湘夜雨》《换巢鸾凤》《翠楼吟》等调，在宋词中殊为罕见，而《白香词谱》录取了，甚至宋词所无的《误佳期》也被收录了；而真正宋人常用的《朝中措》《少年游》《霜天晓角》《八声甘州》《汉宫春》《六幺令》《扫花游》《江城子》《千秋岁》《行香子》《定风波》《唐多令》《玉楼春》《安公子》《花心动》《解连环》《夜飞鹊》《风流子》《霜叶飞》《兰陵王》《六州歌头》《宝鼎现》《哨遍》等等，倒反被摒弃了。现在我们共录《词谱》二百〇六调，比《白香词谱》多出一倍。取录的标准大致如下：

1. 凡《历代诗余》于某调共收十首以上者，录入。

2. 《历代诗余》所收，虽未满十首，然在五首以上，而作者又多系名家者，录入。

3. 《历代诗余》所收，虽在十首以上，然多系元明作品，或非名家作品者，不录。

4. 《历代诗余》所收仅一二首，甚至不收，然为《白香词谱》所已录者，因其为一般人所熟知，姑亦录入。

5. 凡一调有多体者，录其最常用者一体或数体，其罕见者不录。同时录数体的时候，以最常用者居前。其较为少见者，即使字数较少，亦列于其后，作为附录。

6. 凡词牌与形式皆不同者，认为两调。如《浣溪沙》与《摊破浣溪沙》分列，《玉楼春》（《木兰花》）与《减字木兰花》及《木兰花慢》分列，《一落索》（《上林春》）与《上林春慢》分列。

这些标准不一定是妥当的标准，但是我们的目的既在"举例"，就不必求全责备了。

二、词谱①

1. 忆江南 （望江南）廿七字。又一体双调五十四字，即依上式作双叠。另有第三体，不录。

2. 渔歌子 廿七字。又一体五十字。

3. 捣练子 廿七字

4. 忆王孙 卅一字。又一体不录。

5. 调笑令 卅二字

6. 如梦令 卅三字

7. 归国谣 （归自遥）卅四字。又一体四十三字，又一体四十二字不录。

8. 定西番 卅五字

9. 相见欢 卅六字

10. 长相思 卅六字

（注意）前后阕起二句往往用叠韵（韵脚相同）。词律云"后首句可不叶韵"。按《历代诗余》所载《长相思》共四十八首，除其中三首是后阕首句不入韵外，其余都入韵。

11. 醉太平 卅八字。（注意）每阕末句的意义节奏是三二。

12. 昭君怨 四十字

13. 生查子 四十字

14. 女冠子 四十一字

（注意）另有长调《女冠子》，不录。

15. 点绛唇 四十一字

16. 浣溪沙 四十二字

17. 清商怨 四十二字。又一体共成四十三字；又一体前段首句作平平平仄仄仄仄，亦共成四十三字。

18. 霜天晓角 四十三字

（注意）后段首句可破为两句，且于首句第二字叶韵，又可用平韵。此调

---

① 编者按：以下只列举词牌名及常规字数，其平仄格式皆从略。便于普通读者作常识性了解。

共有六体，不备录。

19. 诉衷情　四十四字

（注意）词律共列《诉衷情》七体，今但录其最常见者一体。万氏云"宋人皆用此体"。《白香词谱》欧阳修词则于前段末句破为两句，共成四十五字。

20. 采桑子（丑奴儿）　四十四字

21. 卜算子　四十四字

22. 菩萨蛮　四十四字

（注意）前后段末句皆当作"仄平平仄平"，惟李白原词后段末句是"长亭连短亭"（依词律），所以也有人学他，作"平平平仄平"。但无论如何，第三字当作平；《词律》云第三字可仄，究非正例。

23. 减字木兰花　四十四字

24. 巫山一段云　四十四字，又一体四十六字。

25. 酒泉子　四十五字

（注意）《词律》共录《酒泉子》十六体；今但录其最常见者一体。

26. 好事近　四十五字

（注意）前后段末句的意义节奏都是一四。

27. 谒金门　四十五字

28. 更漏子　四十六字

（注意）前后段末句都以仄平平仄平为正例。温庭筠《更漏子》后段起句入韵，宋人不然。

29. 一落索（上林春）　四十六字，余体不录。

30. 忆秦娥　四十六字

（注意）前段第二句，李白原词是"秦娥梦断秦楼月"，于是有人误会，以为必须用辘轳体（第一字与第五字为同字）。其实大多数词人都不拘泥这个。此调共六体，余不录。

31. 清平乐　四十六字

（注意）李白（？）《清平乐》四首，温庭筠两首；孙光宪两首，后阕首句都是"仄仄仄仄平平"；直至韦庄六首，才有四首是用 6X 的。尹鹗、欧阳炯、毛熙震、李后主，则完全用 6X 了。宋人以用 6X 为正例。这是时代的关系。《词律》以为第四字平仄亦可不拘，那是不分别时代的缘故。

32. 琴调相思引　四十六字

33. 荆州亭　四十六字

（注意）宋人此调非常罕见。

34. 误佳期　四十六字

（注意）《词律》云："旧词无此体。"

35. 画堂春　四十七字

36. 阮郎归　四十七字

37. 摊破浣溪沙　四十八字

38. 人月圆　四十八字

39. 桃源忆故人　四十八字

40. 眼儿媚　四十八字

（注意）词律所举王雱《眼儿媚》前段首句平仄平平仄平平是例外。

41. 朝中措　四十八字

42. 秋蕊香　四十八字

43. 武陵春　四十八字

44. 锦堂春　四十八字

45. 贺圣朝　四十九字，余体不录。

（注意）《词律》载《贺圣朝》共五体，实则其第三体所举叶清臣词四十八字，若依《历代诗余》及《白香词谱》所载，则当为四十九字；（后段首句破为两句）。今依《历代诗余》。前段第二第四句及后段第三第五句，它们的意义节奏都是三二。

46. 柳梢青　四十九字

47. 太常引（太清引）　四十九字。又一体五十字。

48. 留春令　五十字，又一体不录。

49. 西江月　五十字，余体不录。

（注意）此乃平仄通计之体。

50. 少年游　五十字

（注意）前段第二句首字平仄不拘，《词律》未注明，误。后段第三句如系平脚，第三字宜用平声，《词律》所录毛滂词"庭下早梅"句，"早"字仄声是例外。但前后段第三句皆可改用仄脚。又一体五十一字。又一体五十二字，余体不录。

51. 惜分飞　五十字

52. 燕归梁　五十一字，余体不录。

52. 醉花阴　五十二字

54. 雨中花（夜行船）　五十二字

又一体五十四字，余体不录。

55. 迎春乐　五十二字，余体不录。

56. 南歌子　五十二字

（注意）此调九字句第五字以平声为正例；《词律》注云可仄，非。

57. 怨王孙　五十三字

（注意）此调与《忆王孙》无涉。《词律》云："《怨王孙》一词与唐腔《河传》无异。"按韦庄、张先《怨王孙》后段与上式同，宋人于前段第二字不复叶韵，但仍用仄声。

《历代诗余》云《怨王孙》亦名《月照梨花》；《词律》另列《月照梨花》，五十五字。

58. 恋绣衾　五十四字

59. 端正好（于中好，杏花天）　五十四字

（注意）杜安世在前后段首句多用拗句，后人则于前段首句皆用律句，后段首句则往往变为上三下四。

60. 浪淘沙　五十四字

（注意）《浪淘沙》本系单调，二十八字，即七言绝句一首。这里变为双调，且变为长短句。另有仄韵一体，不录。

61. 鹧鸪天　五十五字

62. 河传　五十五字。

又一体亦五十五字，前段与上式全同，后段第三第四第五句有变。

又一体五十七字。又一体六十一字，余体不录。

（注意）《词律》所载《河传》共十七体，实际上不止此数。但大致可分为两大类：第一类是共用四个韵脚，而且是仄平韵脚互换的，前段第二字入韵；第二类是一韵到底，前段第二字不入韵，而且改为平声。唐五代两类都有，宋人则多用后者。

63. 品令　五十五字，又一体六十四字，余体不录。

64. 夜行船　五十五字，又一体五十六字。

（注意）《词律》与《历代诗余》皆云《夜行船》即《雨中花》，但《历

代诗余》却以《夜行船》与《雨中花》分列。今按二者在结构上殊异颇大，不妨分列。惟加以注明，使知其渊源而已。

65．鹊桥仙　五十六字，又一体不录。

66．虞美人　五十六字

（注意）九字句第五字以用平声为原则，第三字则以仄声为较宜。又一体五十八字，即依上式，每段末句变为两句，上七下三。

67．南乡子　五十六字，余体不录。

68．玉楼春（木兰花，春晓曲，惜春容）　五十六字

69．步蟾宫　五十六字，余体不录。

70．一斛珠　五十七字。又一体亦五十七字，只后段首句有异。宋人多用此体。

71．夜游宫　五十七字

（注意）前后段第三句偶然有变异者，甚至第五六两字俱仄者，都非正例。

72．小重山　五十八字

73．踏莎行　五十八字

74．临江仙　六十字。又一体五十八字，余体不录。

75．唐多令　六十字

76．一剪梅　六十字。又一体亦六十字，但每段第二第五句不入韵，也不一定用对仗，更不须同字相对。余体不录。

77．七娘子　六十字。又一体五十八字，即依上式，每段第二句改用七字句。

78．钗头凤（玉珑璁，折红英）　六十字

79．蝶恋花（鹊踏枝，一箩金）　六十字

（注意）《词律》注云："寿城（杜安世）首句'新月羞花影庭树'，末三字仄平仄，此系偶然，不可从。又有一首前第四句'画阁巢新燕声喜'，后第四句'冉冉光阴似流水'，又一首前第四句'衰柳摇风尚柔欢'，后第四句'独倚阑干暮山远'，则全用仄平仄，或有此体，然作词但从其多者可耳。"

80．十拍子（破阵子）　六十二字

81．定风波　六十二字　。又一体不录。

82．苏幕遮　六十二字

83. 渔家傲　六十二字

84. 垂丝钓　六十六字

85. 行香子　六十六字

（注意）后段起句可不入韵，或起二句皆不入韵亦可。每段之末，系由一字豆贯三句，例如苏轼"向望湖楼，孤山寺，涌金门……有湖中月，江边柳，陇头云"，又如蒋捷"过窈娘堤，秋娘渡，泰娘桥"。

86. 锦缠道　六十六字

（注意）后段首句的意义节奏是三二。

87. 青玉案　六十六字

（注意）每段第五句亦可不入韵。

又一体六十七字，即依上式，惟后段第二句稍异，每段第五句可入韵，可不入韵。其不入韵者，甚至与下文并成九字句，如苏轼"莫惊鸥鹭，四桥尽是老子经行处"，周紫芝"西州重到，可怜不见华屋生存处"；或与上文并成八字句，如苏轼"春衫犹是小蛮针线，曾湿西湖雨"。

（注意）六十七字较六十六字为常见。第五句不入韵者较入韵者为常见。尚有六十八字者，罕见，不录。

88. 感皇恩　六十七字，余体不录。

89. 解佩令　六十七字，余体不录。

（注意）前段第二句应入韵；《白香词谱》举朱彝尊词此句不入韵，非宋人旧法。

90. 天仙子　六十八字

（注意）这调本是三十四字，后来变成双叠。

91. 江城子　七十字

（注意）这调本是三十五字，后来变成双叠。每段第四五两句也可以并成九字句，如苏轼"曾见青鸾翠凤下层城"。

92. 千秋岁　七十一字。又一体亦七十一字，只前段首句不入韵为异。此体较少见。余体不录。

93. 粉蝶儿　七十二字

94. 离亭燕　七十二字

95. 隔浦莲　七十三字

（注意）此调平仄之严，殊为罕见。

96. 传言玉女　七十四字

（注意）每段第三四两句可以并为九字句，第七八两句可以并为八字句。

97. 河满子（何满子）　七十四字

（注意）《河满子》本系单调六句，每句六字，共三十六字；后来第三句变为七字，共三十七字。又增成双叠，如上式。

98. 解蹀躞　七十五字

（注意）每段末二句可并为十字句。

99. 风入松　七十六字

又一体七十四字，即依上式，惟前后第二句改为四字句。

又一体七十三字，即依七十四字体，再将前段第四句改为六字句。

又一体七十二字，即依七十三字体，再将后段第四句改为六字句。

（注意）七十六字最为常见，七十四字次之，七十三字与七十二字不多见。

100. 婆罗门引　七十六字

101. 荔支香近　七十六字

（注意）《词律》载《荔支香近》共两体：一体七十三字，又一体七十六字。《历代诗余》以七十六字者为《荔支香》，七十三字者为《荔支香近》。今但录七十六字者。

102. 于飞乐　七十六字，余体不录。

103. 祝英台近　七十七字

（注意）前段第二句或入韵，或不入韵。两种情形是同样常见的。后段第五句偶然亦有变。

104. 侧犯　七十七字

105. 御街行　七十八字

又一体七十六字，即依上式。余体不录。

106. 一丛花　七十八字

107. 金人捧露盘　七十九字

（注意）尚有七十八字一体，八十一字一体，不录。

108. 红林檎近　七十九字

109. 最高楼　八十一字

（注意）后段起二句用同字对仗，例如刘克庄"只少个—绿珠横玉笛，更少个—雪儿弹锦瑟"；又可以是上五下三，如蒋捷"一片片雪儿—休要下，一点点雨儿—休要洒"；又可以是八字一气呵成，如辛弃疾"也莫向竹边辜负雪，也莫向柳边辜负月"，元好问"问华屋高赀谁不恋，问美食大官谁不羡?"余体不录。

110. 新荷叶　八十二字

111. 早梅芳（早梅芳近）　八十二字，又一体不录。

112. 蓦山溪　八十二字

（注意）前后段首句或入韵，如石孝友"莺莺燕燕，摇荡春光懒"，"小鬟微盼，分付多情管"；或不入韵，如张元干"一番小雨，陡觉添秋色"，"钱塘江上，冠盖如云积"；或前段不入韵，后段入韵，如黄庭坚"鸳鸯翡翠，小小思珍偶"，"寻芳谷酒，肯落他人后"；或前段入韵，后段不入韵，如贺铸"楚乡新岁，不放残寒退"，"江南芳信，目断何人寄?"前后段第七八两句或皆入韵，如晁补之"登云屿，临烟渚，狂醉成怀古"；或第七句不入韵，第八句入韵，如贺铸"上帘拢，招佳丽，置酒成高会。"但多数却是七八两句都不入韵……

113. 洞仙歌　八十三字

（注意）前段第二句的意义节奏是一四，如苏轼"自—清凉无汗"，或二三，如刘光祖"小池塘—荷净"，但亦有用普通诗句如辛弃疾"大半成新贵"。第四句九字，《词律》依苏词定为上三下六，但普通的形式却是上五下四，如葛郯"看朝餐沆瀣，暮饮醍醐"，刘一止"对斜桥孤独，流水溅溅"。后段末句该是九字句，但《词律》分为两句，上五下四。严格说起来，它的意义节奏该是三六，如苏轼"又不道—流年暗中偷换"，晁补之"算只好—龙山醉狂吹帽"，蒋捷"又未卜—重阳果然晴否"；甚至是一八，如张炎"料—只隔中间白云一片"。不过，它的音韵节奏仍该是五四，所以仍旧依照《词律》定谱。

又一体八十四字，即依上式。

又一体八十五字，即依八十三字体。余体不录。

114. 满路花　八十三字，余体不录。

115. 江城梅花引　八十七字，余体不录。

（注意）后段起二句不必用叠句，如张翥"忆卿，恨卿"，又可另换一韵，如陈允平"相思，为谁? 兰恨销!"（"销"字回到原韵），又可换仄叶，如王观"怨极，恨极"，周密"酒醒？未醒"。

116. 探芳信　九十字

又一体八十九字，即依上式，惟后段第五六两句并为五字句，平仄仄平仄。

117. 意难忘　九十二字

（注意）前后第八句的意义节奏往往是一四，例如苏轼"肯—亲度瑶觞"，周邦彦"拚—剧饮淋浪"。

118. 塞翁吟　九十二字

119. 法曲献仙音　九十二字

120. 潇湘夜雨　九十三字

（注意）此调与《满庭芳》相似，见下文。

121. 满江红　九十三字

（注意）此调以用入声韵为常。

又一体九十一字，即依上式。惟于前段第四句有变。

又一体九十四字，即依九十三字式，惟于后段第七句改为八字句，而且系用"君不见"，例如苏轼"君不见周南歌汉广"。余体不录。

122. 六玄令　九十四字

123. 玉漏迟　九十四字

（注意）后段首句以仄仄仄仄平平为正例。末句本当作平平仄平平仄，如宋祁"东风泪零多少"，但张炎以后，却多有变。

124. 尾犯　九十四字

又一体九十五字，即依前式。

125. 扫花游　九十五字

126. 水调歌头　九十五字

（注意）前后段十一字句或作上六下五，或作上七下四。例如辛弃疾"在家贫亦好"，"江湖有归雁"。按贺铸《水调歌头》除照叶平韵外，并参杂仄韵，《词律》未录，徐本立录入《拾遗》中。又何梦桂《水调歌头》九十六字，见《历代诗余》《词律》及《拾遗》均未录。此二别体皆罕见，故亦不录。

127. 凤凰台上忆吹箫　九十五字，余体不录。

（注意）后段末二句可依前段末二句之平仄，如张翥"吴音朔调，尽与吹听"。但此系后人的变体。

128. 满庭芳　九十五字

（注意）前段第三句有仄平⑪仄平平和仄仄平仄平平两种形式。苏轼自己既有"画堂别是风光"，又有"万里家在岷峨"。后段第四句有平脚仄脚两种：仄脚如程垓"问故乡何日，重见吾庐"，平脚如黄庭坚"且留取垂杨，掩映听阶"。若有对仗，则在前段起二句，如程垓"南月惊乌，西风破雁"，或后段第四五两句，如秦观"渐酒空金榼，花困蓬瀛"。但用对仗的很少。

129. 烛影摇红　九十六字

（注意）前后段第二句首字以仄声为正例，第五句第五字亦以仄声为正例，第七句第三字以平声为正例。此词有单调，名《忆故人》。

130. 天香　九十六字

（注意）后段第六句（八字）多可认为上一下七，如吴文英"但—未识韩郎旧风味"，但也有上三下五者，如李彭老"消未尽—当时爱香意"。

131. 汉宫春　九十六字

（注意）《词律》载又一体用仄韵，其实只有康与之一首用入声韵，此乃以入代平，并非另有一体。

132. 八声甘州　九十七字，余体不录。

（注意）《词律》以《八声甘州》载于《甘州曲》《甘州子》《甘州遍》《甘州令》之后，其实它们在形式上并无相似处。今于《甘州曲》等调亦不录。

133. 声声慢（胜胜慢）　九十七字

又一体入声韵九十字，余体不录。

（注意）此词以平韵为常见，而《白香词谱》录李清照一首为例，却是入声韵，而且是超出常轨的。

134. 醉蓬莱　九十七字

135. 暗香（红情）　九十七字

136. 长亭怨慢（或无"慢"字）　九十七字

（注意）后段第二句的意义节奏以三二为正例。

137. 倦寻芳（或加"慢"字）　九十七字，又一体不录。

138. 庆清朝（或加"慢"字）　九十七字，又一体不录。

139. 雨中花慢　九十七字，余体不录。

140. 双双燕　九十八字，又一体九十六字，不录。

141. 应天长　九十八字

（注意）后段首句可改用平仄仄平仄，改用此式后，同时即须入韵。

142. 琐窗寒（锁窗寒）　九十九字，余体不录。

（注意）前段第四句和后段第五句有用韵者。

143. 玉蝴蝶　九十九字

又一体九十八字，即依上式，惟后段第六句变七字。

（注意）唐五代有《玉蝴蝶》，四十一字或四十二字，与此全异，不录。

144. 三姝媚　九十九字，又一体不录。

145. 玲珑四犯　九十九字，余调不录。

146. 新雁过妆楼（瑶台聚八仙）　九十九字

147. 陌上花　九十九字

148. 念奴娇（百字令，酹江月，壶中天）　一百字，平韵罕见，不录。

（注意）此调以用入声韵为最常见。前段第二句可作上三下六，如苏轼"浪淘尽—千古风流人物"，亦可作上五下四（即一、四、四），如刘一止"对—秋容凄紧—松阴幂幂"。前后段七言第三字，六言第三字，皆以用平声为常。前后段末句首字则以用仄声为正例。

149. 解语花　一百字

（注意）后段末句的意义节奏可以是一四，如周邦彦"任舞休歌罢"；亦可以是寻常诗句，如周邦彦"毕竟如何老"。

150. 渡江云　一百字，韵式：平仄通押；后段第四句用仄韵，余体不录。

151. 降都春　一百字

（注意）后段第三句的意义节奏可以是上五下四，如吴文英"庆三殿共赏，群仙同到"，又可以是上三下六，如吴文英"冻云外，似觉东风先转"，"背灯暗，共倚宝屏葱倩"。

152. 高阳台（庆春泽）　一百字

（注意）《高阳台》即《庆春泽》，二者形式全同；《历代诗余》分列，误。《白香词谱》举朱彝尊一首为例，于前后段倒数第二句用韵，与宋词违异。不知朱氏何所依据。

153. 东风第一枝　一百字

（注意）前后段倒数第二句可作上三下四，如史达祖"暗惹起——掬搯相思"；亦可作上一下六，如史达祖"看—翠光金缕相交"；甚至与末句成为对仗，如史达祖"是—月斜窗外幺禽，霜冷竹间幽鹤"。

154. 万年欢　一百字，又一体不录。

155. 换巢鸾凤　一百字

（注意）此调平仄通押，自前段末句起换用仄韵。

156. 木兰花慢　一百零一字

又一体亦一百零一字，即依第一体，惟前后段第七句不入韵，与第八句合为一句，如吕渭老"知他故人甚处……新愁暗生旧恨"。

又一体亦一百零一字，即依第二体，惟后段第二三两句有变。如卢祖皋"烟水漠漠，回首处，只君知"。

又一体亦一百零一字，即依第二体，惟后段起三句改为两句，如辛弃疾"古来尧舜有巢由，江海去悠悠"。

又一体亦一百零一字，即依第一体，唯后段第二三两句有变。

又一体亦一百零一字，即依第二体，惟后段起三句有变。

（注意）第四体最为常见，第一二三体次之，第五体少见，第六体尤为罕见。《词律》仅举后二体，最为不妥。《拾遗》仅补第一二两体，亦未备。

157. 桂枝香　一百零一字

158. 真珠帘（珍珠帘）　一百零一字

（注意）后段首句又可作平仄仄仄平平，不入韵。后人多如此。前后段第五句的意义节奏可以是三二，又可以是一四。

又一体九十八字，即依上式，减去前段第二句，罕见。

159. 翠楼吟　一百零一字

160. 瑞鹤仙　一百零二字

（注意）此调变化甚多。

又一体一百零三字，不录。

161. 水龙吟　一百零二字，又一体不录。

（注意）后段结句的意义节奏往往是一三，如柳永"有—和羹美"，或三一，如周邦彦"与何人—此"？

162. 石州慢（石州引）　一百零二字

（注意）前后段末句的意义节奏可以是三二，如贺铸"两厌厌—风月"，又可以是一四，如张元干"是愁来时节"。但无作二三者。

163. 宴清都　一百零二字

164. 齐天乐（台城路）　一百零二字，又一体不录。

（注意）此词平仄很严。后段第二句的意义节奏可以是一四，如史达祖"奈—闲情未了"，方岳"尽—鹭翘鸥倚"；但仍以普通诗句为最常见。

165. 忆旧游　一百零二字

（注意）前段第四句与后段第五句的意义节奏可以是上二下三（诗句），又可以是上一下四，如方千里"奈—可怜庭院"。

166. 庆春宫　一百零二字

又一体用入声韵，大致系依上式，惟后段首句不入韵。韵脚一律以入代平。

167. 画锦堂　一百零二字

（注意）后段首句用仄韵，平仄通押。

168. 安公子　一百零二字，余体不录。

169. 上林春慢　一百零二字

170. 喜迁莺　一百零三字

171. 探春慢（或无"慢"字）　一百零三字，余体不录。

172. 雨霖铃（雨淋铃）　一百零三字

（注意）前段第七八两句或云当作仄仄平平仄仄，仄平仄平仄，上六下五。

173. 花心动　一百零四字

（注意）后段第二句的意义节奏往往是一四。

174. 归朝欢（菖蒲绿）　一百零四字

175. 绮罗香　一百零四字

176. 永遇乐　一百零四字

177. 西河（西湖）　一百零五字

（注意）此调共分三段，第一段卅三字，第二段卅六字，第三段卅六字。第三段第四句上半的意义节奏往往是一四或三二。

又一体一百零四字，即依上式。

178. 二郎神　一百零五字

（注意）前段第八句的意义节奏往往是一四。余体不录。

179. 南浦　一百零五字

又一体一百零二字，系平韵。不录。

180. 倾杯乐　一百零六字

（注意）《词律》载《倾杯乐》共八体。余体不录。

181. 解连环（望梅）　一百零六字

（注意）前后段第二句的意义节奏往往是三二或一四。

182. 夜飞鹊　一百零七字

183. 苏武慢　一百零七字

（注意）此调又名《选冠子》，与《过秦楼》极相似，参看下文《过秦楼》条。余体不录。

184. 望海潮　一百零七字

又一体亦一百零七字，唯后段末两句改为上四下七，与前段末两句一致。

185. 一萼红　一百零八字

186. 一寸金　一百零八字

（注意）后段第八句可以不入韵。

187. 夺锦标　一百零八字

188. 薄幸　一百零八字

189. 风流子（内家娇）　一百十字

又一体单调卅四字，不录。

190. 疏影（绿意）　一百十字

191. 大圣乐　一百十字，又一体仄韵不录。

（注意）此调平仄通押。第一个韵脚用仄，余皆用平。

192. 过秦楼（选冠子）　一百十一字，余体不录。

193. 霜叶飞　一百十一字

（注意）前段首句第四字是句中韵，或称"暗韵"，如周邦彦"露迷衰草疏星挂，凉蟾低下云表"，吴文英"断烟离绪关心事，斜阳红隐霜树"，张炎"故园空杳霜风劲，南塘吹断瑶草"，又"绣屏开了惊诗梦，娇莺啼破春悄"。其实即在第四字断句，亦未尝不可。后段第三句，《词律》引吴文英"断阕经岁慵赋"，于"阕"字下注云"作平"，恐未必是。周邦彦于此处云："度日如岁难到"，"日"字亦用入声，张炎有一首云："坐对真被花恼"，则竟用去声，惟另一首云"可怜都付残照"，"怜"字用平罢了。疑旧法此字当用入声。

194. 沁园春　一百十四字，又一体不录。

195. 贺新郎（贺新凉，金缕曲，乳燕飞） 一百十六字

（注意）前后段共有四个仄仄平平平平仄，都可变为仄仄平平平仄仄。前者是拗句，后者是律句。词人于此等处有全用拗句者，如《词律》所举毛开的一首；有全用律句者，如《词律》所举高观国的一首；有拗句与律句并用者，如《白香词谱》所举李玉一首。

196. 摸鱼儿（摸鱼子，买陂塘） 一百十六字

197. 春风袅娜 一百廿五字

198. 十二时 一百卅字

（注意）此调共三叠（三段），多用于告神。首段第七句的意义节奏往往是三二；中段与末段第五句的意义节奏也往往是三二。

199. 兰陵王 一百卅字

（注意）此调亦共三叠。《词律》注云末段末句上二字必须用去声；杜文澜加按语云："此调后结必用六仄声，以'仄去仄''去去入'为最合。"

200. 瑞龙吟 一百卅三字

（注意）此调共三叠，与《水龙吟》（《龙吟曲》）毫无关系。

201. 大酺 一百卅三字

202. 多丽（绿头鸭） 一百卅九字

203. 六州歌头 一百四十三字，余体不录。

204. 宝鼎现 一百五十五字，余体不录。

（注意）此调共三叠。末段第五句上三下四，《词律》作上四下三，当系误刻；依《词律》凡例，上四下三则成普通七字句，不须注一"豆"字。

205. 哨遍（稍遍） 二百零三字

206. 莺啼序 二百四十字

（注意）《词律》云："词调最长者惟此序，而最难订者亦惟此序；盖因作者甚少，惟梦窗数阕与《词林万选》所收黄在轩一首耳。"力按，依照唐圭璋先生所辑《全宋词》，《莺啼序》共十首，除吴梦窗三首及黄在轩一首外，尚有高似孙、徐宝之各一首（均录自《阳春白雪》），汪元量一首，刘辰翁三首。现在参照各家，把规律定得宽些，但大致仍以梦窗为准。依刘辰翁的三首看来，《莺啼序》也可以是古文式的。

以上所录词谱共二百零六调，大致共有二百五十余体，比之《词律》所录，约及三分之一。这些词谱大致是依照《词律》的，但有时候参照各家词

句，不免有所补充。《词律》有呆板处，又有错误处。呆板处，是因为某调只有一二首为参考的资料，不免就把平仄的规律定得严些；不知假定作者增加，情形也就不同。试看《满江红》《念奴娇》和《水调歌头》等调，作者既多，词律也就定得宽了。万红友最推重方千里，其实方千里只是一个呆板的模仿者，他和周邦彦唱双簧，但我们并不能凭着他来呆板地定下词谱。《词律》的错误处，虽然不多，也不是没有。读者如果细心比对这书和《词律》，就会发现的。

三、词谱举要

这是本书第二节的附录。目的在于补充一些词谱，以便读者参考。一词有数体者，只录常见的一体。举例限于古代，特别是宋代以前的词。有些词谱在正文中已经引述过的可以参看，这里不再重出。

（1）**十六字令**　　十六字　单调

平。⊙仄平平仄仄平。平平仄，⊙仄仄平平。

天。休使圆蟾照客眠。人何在？桂影自婵娟。

—— （宋）蔡伸《十六字令》

（2）**忆江南（望江南，江南好）**　　廿七字　单调

平⊕仄，⊙仄仄平平。⊙仄⊕平平仄仄，平⊕⊙仄仄平平。⊙仄仄平平

江南好，风景旧曾谙。日出江花红胜火，春来江水绿如蓝。能不忆江南？

—— （唐）白居易《忆江南》

（3）**渔歌子（渔父）**　　廿七字　单调

⊙仄平平仄仄平，⊕平⊙仄仄平平。平仄仄，仄平平。⊕平⊙仄仄平平。

避世垂纶不记年，官高争得似君闲。倾白酒，对青山。笑指柴门待月还。

—— （五代·蜀）李珣《渔父》

（4）捣练子　　廿七字　单调

平仄仄，仄平平。仄仄平平仄仄平。仄仄平平平仄仄，平平仄仄仄平平。

深院静，小庭空。断续寒砧断续风。无奈夜长人不寐，数声和月到帘栊。

—— （南唐）李煜《捣练子》

（5）忆王孙　　卅一字　单调

平平仄仄仄平平，仄仄平平仄仄平。仄仄平平仄仄平。仄平平，仄仄平平仄仄平。

萋萋芳草忆王孙，柳外楼高空断魂。杜宇声声不忍闻。欲黄昏，雨打梨花深闭门。

—— （宋）李重元《忆王孙》

（6）调笑令　　卅二字　单调

平仄，平仄（叠句），仄仄平平平仄。平平仄仄平平，仄仄平平仄平。平仄（颠倒前句末二字），平仄（叠句），仄仄平平平仄。

（共用三个韵，两头两个仄韵，中间一个平韵。）

边草，边草，边草尽来兵老。山南山北雪晴，千里万里月明。明月，明月，胡笳一声愁绝。

—— （唐）戴叔伦《调笑令》

胡马，胡马，远放燕支山下。跑沙跑雪独嘶，东望西望路迷。迷路，迷路，边草无穷日暮。

—— （唐）韦应物《调笑令》

团扇，团扇，美人病来遮面。玉颜憔悴三年，无复商量管弦。弦管，弦管，春草昭阳路断。

—— （唐）王建《调笑令》

（调笑令平仄与韵例都比较复杂，所以共举三个例子。）

(7) 如梦令　　卅三字　单调

⊘⊘⊘平平仄，⊘⊘⊘平平仄。⊘⊘⊘平平，⊘⊘⊘平平仄。平仄，平仄（叠句），⊘⊘⊘平平仄。

遥夜月明如水，风紧驿亭深闭。梦破鼠窥灯，霜送晓寒侵被。无寐！无寐！门外马嘶人起。

　　　　　　　　　　　　　　　——（宋）秦观《如梦令》

(8) 长相思　　卅六字　双调

‖仄⊘平，仄⊘平（叠后二字），⊘仄平平⊘仄平。平平⊘仄平。‖

（前后阕全同。末句不能犯孤平。凡前后阕全同者加‖号为记，下仿此。）

汴水流，泗水流，流到瓜洲古渡头。吴山点点愁。　　思悠悠，恨悠悠，恨到归时方始休。月明人倚楼。

　　　　　　　　　　　　　　　——（唐）白居易《长相思》

(9) 生查子　　四十字　双调

‖平平⊘仄平，⊘仄平平仄。⊘仄仄平平，⊘仄平平仄。‖

（第一句不能犯孤平。）

去年元夜时，花市灯如昼。月上柳梢头，人约黄昏后。　　今年元夜时，月与灯依旧。不见去年人，泪湿春衫袖！

　　　　　　　　　　　　　　　——（宋）欧阳修《生查子》

(10) 点绛唇　　四十一字　双调

⊘仄平平。平平⊘仄平平仄。仄平平仄。⊘仄平平仄。⊘仄平平，⊘仄平平仄。平平仄，仄平平仄，⊘仄平平仄。

蹴罢秋千，起来慵整纤纤手。露浓花瘦，薄汗轻衣透。见客入来，袜划金钗溜。和羞走，倚门回首，却把青梅嗅。

　　　　　　　　　　　　　　　——（宋）李清照《点绛唇》

(11) 浣溪沙　　四十二字　　双调

(仄)(仄)平平(仄)(仄)平，(平)平(仄)(仄)(仄)平平。(平)平(仄)(仄)(仄)平平。　　(仄)(仄)(平)平平(仄)(仄)，(平)平(仄)(仄)(仄)平平。(平)平(仄)(仄)(仄)平平。

一曲新词酒一杯，去年天气旧亭台，夕阳西下几时回？　　无可奈何花落去，似曾相识燕归来，小园香径独徘徊。

——（宋）晏殊《浣溪沙》

(12) 菩萨蛮　　四十四字　　双调

(平)平(仄)(仄)平平(仄)，(平)平(仄)(仄)平平(仄)。(仄)(仄)(仄)平平，(仄)平平(仄)平。　(平)平平(仄)(仄)，(仄)(仄)平平(仄)。(仄)(仄)(仄)平平，(仄)平平(仄)平。

平林漠漠烟如织，寒山一带伤心碧。暝色入高楼，有人楼上愁。
玉阶空伫立，宿鸟归飞急。何处是归程？长亭连短亭！

——（唐）李白《菩萨蛮》

(13) 诉衷情　　四十四字　　双调

(平)平(仄)(仄)(仄)平平。(仄)(仄)(仄)平平。(平)平(仄)(仄)平(仄)，(仄)(仄)(仄)平平。
平(仄)(仄)，(仄)平平，(仄)平平。(仄)平平(仄)，(仄)(仄)平平，(仄)(仄)平平。

当年万里觅封侯，匹马戍梁州。关河梦断何处？尘暗旧貂裘！
胡未灭，鬓先秋，泪空流。此生谁料，心在天山，身老沧洲！

——（宋）陆游《诉衷情》

(14) 采桑子（丑奴儿）　　四十四字　　双调

(平)平(仄)(仄)平平(仄)，(仄)(仄)平平。(仄)(仄)平平。(仄)(仄)平平(仄)(仄)平。　　(平)平(仄)(仄)平平(仄)，(仄)(仄)平平。(仄)(仄)平平，(平)(仄)平平(仄)(仄)平。

群芳过后西湖好，狼藉残红，飞絮濛濛，垂柳阑干尽日风。　　笙歌散尽游人去，始觉春空。垂下帘栊，双燕归来细雨中。

——（宋）欧阳修《采桑子》

（注意：前后阕第二三两句不一定要叠句。）

(15) 卜算子　四十四字　双调

(仄)仄仄平平，(仄)仄平平仄。(仄)仄平平仄仄平，(仄)仄平平仄。　(仄)
仄仄平平，(仄)仄平平仄。(仄)仄平平仄仄平，(仄)仄平平仄。

驿外断桥边，寂寞开无主。已是黄昏独自愁，更著风和雨。　无
意苦争春，一任群芳妒。零落成泥碾作尘，只有香如故。

—— （宋）陆游《卜算子·咏梅》

(16) 减字木兰花　四十四字　双调

平平(仄)仄，(仄)仄(平)平平仄仄。(仄)仄平平，(仄)仄平平(仄)仄平。　(平)
平(仄)仄。　(仄)仄(平)平平仄仄。(仄)仄平平，(仄)仄平平(仄)仄平。

天涯旧恨，独自凄凉人不问。欲见回肠，断尽金炉小篆香。　黛
蛾长敛，任是春风吹不展。困倚危楼，过尽飞鸿字字愁。

—— （宋）秦观《减字木兰花》

(17) 忆秦娥　四十六字　双调

平(平)仄，(平)平(仄)仄平平仄。平平仄，(仄)平(平)仄。仄平平仄。　(平)
平(仄)仄平平仄，(平)平(仄)仄平平仄。平平仄，(仄)平(平)仄，仄平平仄。

箫声咽，秦娥梦断秦楼月。秦楼月，年年柳色，灞陵伤别。　乐
游原上清秋节，咸阳古道音尘绝。音尘绝，西风残照，汉家陵阙。

—— （唐）李白《忆秦娥》

(18) 清平乐　四十六字　双调

(平)平(仄)仄，(仄)仄平平仄。(仄)仄(平)平平仄仄，(仄)仄(平)平(仄)仄。　(平)
平(仄)仄平平，(平)平(仄)仄平平。(仄)仄(平)平仄仄，(平)平(仄)仄平平。

春归何处？寂寞无行路。若有人知春去处，唤取归来同住。　春
无踪迹谁知？除非问取黄鹂。百啭无人能解，因风飞过蔷薇。

—— （宋）黄庭坚《清平乐》

(19) 摊破浣溪沙　四十八字　双调

(仄)仄平平(仄)仄平，(平)平(仄)仄仄平平。(仄)仄(平)平平仄仄，仄平平。

⊠⊠⊕平平⊠⊠，⊕平⊠⊠⊠平平。⊠⊠⊕平平⊠⊠，⊠平平。

（前后阕基本上相同，只是前阕首句平脚押韵，后阕首句仄脚不押韵。这是把四十二字的《浣溪沙》前后阕末句扩展成为两句，所以叫《摊破浣溪沙》。）

菡萏香销翠叶残，西风愁起绿波间。还与韶光共憔悴，不堪看。

细雨梦回鸡塞远，小楼吹彻玉笙寒。多少泪珠何限恨！倚阑干。

——（南唐）李璟《摊破浣溪沙》

（"还与韶光共憔悴"用的是拗句仄仄平平仄平仄，但一般都用仄仄平平平仄仄。）

（20）桃源忆故人　　四十八字　双调

‖⊕平⊕⊠平平⊠，⊠⊠⊠平平⊠。⊠⊠⊕平平⊠，⊠⊠平平⊠。‖

中原当日三川震，关辅回头煨烬。泪尽两河征镇，日望中兴运。

秋风霜满青青鬓，老却新丰英俊。云外华山千仞，依旧无人问！

——（宋）陆游《桃源忆故人》

（21）太常引（太清引）　　四十九字　双调

平平⊕⊠⊠平平，⊠⊠⊠平平。⊠⊠⊠平平。⊠⊠⊠、平平⊠平。平平⊕⊠，平平⊕⊠，⊠⊠⊠平平。⊠⊠⊠平平。⊠⊠⊠、平平⊠平。

（前后阕基本上相同。前阕首句在后阕拆成两句，并把平脚变为仄脚。）

一轮秋影转金波，飞镜又重磨。把酒问姮娥，被白发欺人奈何！

乘风好去，长空万里，直下看山河。斫去桂婆娑，人道是清光更多。

——（宋）辛弃疾《太常引》

（"被白发"和"人道是"后面有小停顿。）

（22）西江月　　五十字　双调

‖⊠⊠⊕平⊠⊠，平平⊕⊠平平。平平⊕⊠⊠平平，⊠⊠⊕平⊕⊠。‖

明月别枝惊鹊，清风半夜鸣蝉。稻花香里说丰年，听取蛙声一片。

七八个星天外，两三点雨山前。旧时茅店社林边，路转溪桥忽见。

—— （宋）辛弃疾《西江月》

(23) 醉花阴   五十二字 双调

‖仄仄平平平仄仄，仄仄平平仄。仄仄仄平平，仄仄平平，仄仄平平仄。‖

薄雾浓云愁永昼，瑞脑销金兽。佳节又重阳，玉枕纱厨，半夜凉初透。   东篱把酒黄昏后，有暗香盈袖。莫道不消魂，帘卷西风，人比黄花瘦。

—— （宋）李清照《醉花阴》

（"有暗香盈袖"，句法上一下四；但也可以作上二下三，如前阕的"瑞脑销金兽"。）

(24) 浪淘沙   五十四字 双调

‖仄仄仄平平，仄仄平平。平平仄仄仄平平。仄仄平平平仄仄，仄仄平平。‖

帘外雨潺潺，春意阑珊。罗衾不耐五更寒。梦里不知身是客，一晌贪欢。   独自莫凭栏，无限江山。别时容易见时难。流水落花春去也，天上人间。

—— （南唐）李煜《浪淘沙》

(25) 鹧鸪天   五十五字 双调

仄仄平平仄仄平，平平仄仄仄平平。平平仄仄平平仄，仄仄平平仄仄平。   平仄仄，仄平平。平平仄仄仄平平。平平仄仄平平仄，仄仄平平仄仄平。

（这词很像两首七绝。前阕完全是七绝形式；后阕只是把首句拆成两个三字句。）

客路那知岁序移？忽惊春到小桃枝。天涯海角悲凉地，记得当年全盛时。   花弄影，月流辉。水精宫殿五云飞。分明一觉华胥梦，回首东风泪满衣。

—— （宋）赵鼎《鹧鸪天》

(26) 鹊桥仙　　五十六字　　双调

‖(平)平(仄)仄，(平)平(仄)仄，(仄)仄(平)平(仄)仄。(平)平(仄)仄仄平平，(仄)(仄)仄、平平(仄)仄。‖

纤云弄巧，飞星传恨，银汉迢迢暗度。金风玉露一相逢，便胜却人间无数。　　柔情似水，佳期如梦，忍顾鹊桥归路？两情若是久长时，又岂在朝朝暮暮？

—— （宋）秦观《鹊桥仙》

（"便胜却"和"又岂在"后面有小停顿。）

(27) 玉楼春　　五十六字　　双调

‖(平)平(仄)仄平平仄，(仄)仄(平)平平仄仄。(平)平(仄)仄仄平平，(仄)仄(平)平平仄仄。‖

（这等于两首不粘的仄韵七绝。）

三三两两谁家女？听取鸣禽枝上语：提壶沽酒已多时，婆饼焦时须早去。　　醉中忘却来时路，借问行人家住处。只寻古庙那边行，更过溪南乌柏树。

—— （宋）辛弃疾《玉楼春》

(28) 虞美人　　五十六字　　双调

‖(平)平(仄)仄平平仄，(仄)仄平平仄。(平)平(仄)仄仄平平，(仄)仄(平)平(仄)仄仄平平。‖

（共用四个韵。末句是上六下三或上二下七。）

春花秋月何时了？往事知多少！小楼昨夜又东风，故国不堪回首月明中。　　雕阑玉砌应犹在，只是朱颜改。问君能有几多愁？恰似一江春水向东流！

—— （南唐）李煜《虞美人》

(29) 南乡子　　五十六字　　双调

‖(仄)仄仄平平，(仄)仄平平仄仄平。(仄)仄(平)平平仄仄，平平。(仄)仄平平仄仄平。‖

何处望神州？满眼风光北固楼。千古兴亡多少事？悠悠。不尽长江滚滚流。　　年少万兜鍪。坐断东南战未休。天下英雄谁敌手？曹刘！生子当如孙仲谋。

——（宋）辛弃疾《南乡子》

(30) 踏莎行　　五十八字　双调

‖ 仄仄平平，平平仄仄，平平仄仄平平仄。平平仄仄仄平平，平平仄仄平平仄。‖

燕燕轻盈，莺莺娇软，分明又向华胥见。夜长争得薄情知？春初早被相思染。　　别后书辞，别时针线，离魂暗逐郎行远。淮南皓月冷千山，冥冥归去无人管。

——（宋）姜夔《踏莎行》

(31) 临江仙　　六十字　双调

‖ 仄仄平平平仄仄，平平仄仄平平。平平仄仄仄平平。平平平仄仄，仄仄仄平平。‖

千里潇湘接蓝浦，兰桡昔日曾经。月高风定露华清。微波澄不动，冷浸一天星。　　独倚危楼情悄悄，遥闻妃瑟泠泠。新声含尽古今情。曲终人不见，江上数峰青。

——（宋）秦观《临江仙》

（"千里潇湘接蓝浦"用仄仄平平仄平仄是拗句，但一般都用仄仄平平平仄仄。）

(32) 蝶恋花（鹊踏枝）　　六十字　双调

‖ 仄仄平平平仄仄。仄仄平平，仄仄平平仄。仄仄平平平仄仄，平平仄仄平平仄。‖

花褪残红青杏小。燕子飞时，绿水人家绕。枝上柳绵吹又少。天涯何处无芳草？　　墙里秋千墙外道。墙外行人，墙里佳人笑。笑渐不闻声渐悄。多情却被无情恼。

——（宋）苏轼《蝶恋花》

(33) 破阵子   六十二字   双调

‖ (仄)仄(平)平(仄)仄，平平(仄)仄平平。(仄)仄(平)平平仄仄，(仄)仄平平(仄)仄
平。(仄)平(平)仄平。‖

醉里挑灯看剑，梦回吹角连营。八百里分麾下炙，五十弦翻塞外声。
沙场秋点兵。　　马作的卢飞快，弓如霹雳弦惊。了却君王天下事，赢
得生前身后名。可怜白发生！

　　　　　　　　—— （宋）辛弃疾《破阵子（为陈同甫赋壮词以寄)》

(34) 渔家傲   六十二字   双调

‖ (仄)仄(平)平(仄)仄，平平(仄)仄平平仄。(仄)仄(平)平平仄仄。平(仄)仄，
(平)平(仄)仄平平仄。‖

塞下秋来风景异，衡阳雁去无留意。四面边声连角起。千嶂里，长
烟落日孤城闭。　　浊酒一杯家万里，燕然未勒归无计。羌管悠悠霜满
地。人不寐，将军白发征夫泪。

　　　　　　　　　　　　—— （宋）范仲淹《渔家傲》

(35) 谢池春（卖花声）   六十六字   双调

(仄)仄平平，(仄)仄(仄)平平仄。仄平平、平平仄仄。平平平仄，仄平平
平仄（上三下二）。仄平平、仄平平仄。　　平平(仄)仄，仄仄(仄)平平仄。
仄平平、平平仄仄。平平平仄，仄平平仄（上三下二）。仄平平、仄平
平仄。

（前后阕基本上相同，只有前阕首句与后阕首句稍异。此调平仄
较严。）

壮岁从戎，曾是气吞残虏。阵云高，狼烟夜举。朱颜青鬓，拥雕戈
西戍。笑儒冠自来多误。　　功名梦断，却泛扁舟吴楚。漫悲歌，伤怀
吊古。烟波无际，望秦关何处？叹流年又成虚度。

　　　　　　　　　　　　—— （宋）陆游《谢池春》

（"笑儒冠"与"叹流年"后面有小停顿。）

(36) 青玉案　　六十七字　双调

　　⊕平⊗仄平平仄，⊗⊗仄平平仄（上三下三）。⊗仄⊕平平仄仄。⊗平平仄，⊗平平仄，⊗仄平平仄。　　平平⊗仄平平仄，⊗⊕⊗平平仄仄。⊗仄⊕平平仄仄。⊗平平仄，⊗平平仄，⊗仄平平仄。

　　凌波不过横塘路，但目送芳尘去。锦瑟年华谁与度？月楼花院，绮窗朱户，惟有春知处。　　碧云冉冉蘅皋暮，彩笔空题断肠句。试问闲愁知几许？一川烟草，满城风絮，梅子黄时雨。

—— （宋）贺铸《青玉案》

　　（"彩笔空题断肠句"是拗句，宋人一般都用⊗仄平平仄平仄，不用⊗仄⊕平平仄仄。）

(37) 江城子　　七十字　双调

　　‖⊕平⊗仄仄平平。仄平平，仄平平。⊗仄平平，仄仄仄平平。⊗仄⊕平平仄仄，平仄仄，仄平平。‖

　　（本是单调三十五字，宋人改为双调。）

　　老夫聊发少年狂，左牵黄，右擎苍。锦帽貂裘，千骑卷平岗。为报倾城随太守，亲射虎，看孙郎。　　酒酣胸胆尚开张，鬓微霜，又何妨？持节云中，何日遣冯唐？会挽雕弓如满月，西北望，射天狼。

—— （宋）苏轼《江城子·密州出猎》

(38) 满江红　　九十三字　双调

　　⊗仄平平，平⊕仄、平平⊗仄。平仄仄、⊗平平仄，⊗平⊕仄。⊗仄平平仄仄，平平⊗仄平平仄。⊗仄平、⊗仄仄平平，平平仄。　　⊗⊕仄，平⊗仄。平⊗仄，平仄仄。仄平平仄仄、仄平平仄。⊗仄⊕平平仄仄，⊕平⊗仄平平仄。仄⊕平、⊗仄仄平平，平平仄。

　　怒发冲冠，凭栏处、潇潇雨歇。抬望眼、仰天长啸，壮怀激烈。三十功名尘与土，八千里路云和月。莫等闲、白了少年头，空悲切！靖康耻，犹未雪。臣子恨，何时灭？驾长车踏破、贺兰山缺。壮志饥餐胡虏肉，笑谈渴饮匈奴血。待从头，收拾旧山河，朝天阙。

—— （宋）岳飞《满江红》

(39) 水调歌头　　九十五字　双调

仄仄平平仄，仄仄仄平平。平平仄仄平仄，仄仄仄平平。仄仄平平仄仄，仄仄平平仄仄，仄仄仄平平。仄仄平平仄，仄仄仄平平。

平平仄，平仄仄，仄平平。平平仄仄平仄仄仄平平。仄仄平平仄仄，仄仄平平仄仄，仄仄仄平平。仄仄平平仄，仄仄仄平平。

　　明月几时有？把酒问青天。不知天上宫阙，今夕是何年？我欲乘风归去，又恐琼楼玉宇，高处不胜寒。起舞弄清影，何似在人间。　　转朱阁，低绮户，照无眠。不应有恨、何事长向别时圆？人有悲欢离合，月有阴晴圆缺，此事古难全。但愿人长久，千里共婵娟！

——（宋）苏轼《水调歌头·中秋》

(40) 念奴娇（百字令）　　一百字　双调

平平仄仄，仄平平、仄仄平平平仄。仄仄平平平仄仄，仄仄平平平仄。仄仄平平，平平仄仄，仄仄平平仄。平平仄仄，平平平仄平仄。

平仄平仄平平，平平平仄，仄仄平平仄。仄仄平平平仄仄，仄仄平平平仄。仄仄平平，平平仄仄，仄仄平平仄。平平仄仄，平平平仄平仄。

　　大江东去，浪淘尽、千古风流人物。故垒西边人道是，三国周郎赤壁。乱石穿空，惊涛拍岸，卷起千堆雪。江山如画，一时多少豪杰！

　　遥想公瑾当年，小乔初嫁了，雄姿英发。羽扇纶巾，谈笑间，樯橹灰飞烟灭。故国神游，多情应笑我，早生华发。人生如梦，一樽还酹江月！

——（宋）苏轼《念奴娇·赤壁怀古》

(41) 桂枝香　　一百零一字　双调

平平仄仄。仄仄仄平平（上一下四），仄平平仄。仄仄平平仄仄，仄平平仄。平平仄仄平平仄，仄平平、仄平平仄。仄平平仄，仄平平仄，仄平平仄。　　仄仄仄平平仄仄（上三下四）。仄仄仄平平（上一下四），仄平平仄。仄仄平平仄仄，仄平平仄。平平仄仄平平仄，仄平平、仄平平仄。仄平平仄，仄平平仄，仄平平仄。

登临送目。正故国晚秋，天气初肃。千里澄江似练，翠峰如簇。归帆去棹残阳里，背西风酒旗斜矗。彩舟云淡，星河鹭起，画图难足。　　念自昔豪华竞逐。叹门外楼头，悲恨相续。千古凭高对此，谩嗟荣辱。六朝旧事随流水，但寒烟衰草凝绿。至今商女，时时犹唱，后庭遗曲。

　　　　——（宋）王安石《桂枝香·金陵怀古》

（"背西风"和"但寒烟"后面有小停顿。）

(42) 水龙吟　　一百零二字　双调

　　⊙平⊙仄平平，⊙平⊙仄平平仄。⊙平⊙仄，⊙平⊙仄，⊙平⊙仄。⊙仄平平，⊙平⊙仄，⊙平⊙仄。仄⊙平⊙仄（上一下四），平平仄，平平仄，平平仄。　　⊙仄平平⊙仄，仄平平、⊙平平仄。⊙平⊙仄，⊙平⊙仄，⊙平⊙仄。⊙仄平平，平平⊙仄，⊙平平仄。仄平平仄仄平平仄仄，仄平平仄。

　　（后阕最后十三字也可以改成十二字，成为：仄平平、仄仄平平仄，仄平平仄。这样，全词共是一百零一字。）

　　渡江天马南来，几人真是经纶手？长安父老，新亭风景，可怜依旧。夷甫诸人，神州沉陆，几曾回首。算平戎万里，功名本是，真儒事，君知否？　　况有文章山斗，对桐阴满庭清昼。当年堕地，而今试看，风云奔走。绿野风烟，平泉草木，东山歌酒。待他年整顿乾坤事了，为先生寿。

　　　　——（宋）辛弃疾《水龙吟·寿韩南涧》

（"对桐阴""待他年"后面有小停顿。）

(43) 石州慢　　一百零二字　双调

　　⊙仄平平，⊙平平仄（或平仄仄平），仄平平仄。平平⊙仄平平，仄仄⊙平平仄。⊙平平仄，⊙平⊙仄平平，平平⊙仄平平仄。仄仄仄平平，仄平平平仄（上一下四或上三下二）。　　平仄。⊙平平仄，⊙仄平平，⊙平平仄。⊙仄平平，仄仄⊙平平仄。⊙平⊙仄，⊙平⊙仄平平，平平⊙仄平平仄。仄仄仄平平，仄平平平仄（上一下四或上三下二）。

　　（此调常用入声韵。）

雨急云飞，瞥然惊散，暮天凉月。谁家疏柳低迷，几点流萤明灭。夜帆风驶，满湖烟水苍茫，菰蒲零乱秋声咽。梦断酒醒时，倚危樯清绝。　心折。长庚光怒，群盗纵横，逆胡猖獗。欲挽天河，一洗中原膏血。两宫何处？塞垣只隔长江，唾壶空击悲歌缺。万里想龙沙，泣孤臣吴越。

　　　　　　——（宋）张元干《石州慢（己酉秋，吴兴舟中)》

(44) 雨霖铃　一百零三字　双调

平平平仄，仄平平仄、仄⊙平仄。平平仄仄平仄，平平仄仄、平平平仄。仄仄平平、仄仄仄平仄平仄。仄仄仄、平仄平平，仄平平仄仄平仄。　　平平仄仄平平仄。仄平平、仄仄平平仄，⊕平仄仄平仄，平平仄，仄平平仄。仄仄平平，仄仄平仄仄平仄。仄仄仄、⊙仄平平，仄仄平平仄。

（此调多用拗句，而且常用入声韵。）

　寒蝉凄切。对长亭晚，骤雨初歇。都门帐饮无绪，方留恋处，兰舟催发。执手相看泪眼，竟无语凝噎。念去去千里烟波，暮霭沉沉楚天阔。　　多情自古伤离别。更那堪冷落清秋节。今宵酒醒何处，杨柳岸，晓风残月。此去经年，应是良辰好景虚设。便纵有千种风情，更与何人说？

　　　　　　　　——（宋）柳永《雨霖铃》

(45) 永遇乐　一百零四字　双调

⊙仄平平，⊙平平仄，平⊙平仄，⊙仄平平，平平⊙仄，⊙仄平平仄。⊕平⊕仄，⊕平⊕仄，仄仄仄平平仄。仄平⊕，⊕平仄仄，⊙平仄。　　⊕平⊙仄，⊕平平仄，仄⊙平仄仄。⊙仄平平，仄，⊕仄平平仄。⊕平⊙仄，⊕平⊙仄，仄仄⊕平仄仄。平平仄、平平仄仄，仄平仄仄。

　千古江山，英雄无觅，孙仲谋处。舞榭歌台，风流总被，雨打风吹去。斜阳草树，寻常巷陌，人道寄奴曾住。想当年，金戈铁马，气吞万里如虎。　　元嘉草草，封狼居胥，赢得仓皇北顾。四十三年，望中犹记，烽火扬州路。可堪回首，佛狸祠下，一片神鸦社鼓。凭谁问：廉颇老矣，尚能饭否？

—— （宋）辛弃疾《永遇乐（京口北固亭怀古）》

(46) 望海潮　一百零七字　双调

仄平平仄，仄平平仄，平平仄仄平平。平仄仄平，平平仄仄，仄平仄仄平平。仄仄平平。仄平平仄仄（上一下四），仄仄平平。仄仄平平，平平仄仄仄平平。　　平平仄仄平平。仄平平仄仄（上一下四），仄仄平平。平仄仄平，平平仄仄，平仄仄平平。仄仄平平。仄平仄仄（上一下四），仄仄平平。仄仄平平，平平仄仄平平。

（最后两句可换成仄仄平平仄仄，仄仄仄平平。）

梅英疏淡，冰澌溶泄，东风暗换年华。金谷俊游，铜驼巷陌，新晴细履平沙。长记误随车。正絮翻蝶舞，芳思交加。柳下桃蹊，乱分春色到人家。　　西园夜饮鸣笳。有华灯碍月，飞盖妨花。兰苑未空，行人渐老，重来是事堪嗟。烟暝酒旗斜。但倚楼极目，时见栖鸦。无奈归心，暗随流水到天涯。

—— （宋）秦观《望海潮（洛阳怀古）》

(47) 沁园春　一百十四字　双调

仄仄平平，仄仄平平，仄仄仄平。仄平平仄仄，平平仄仄，平平仄仄，仄仄平平。仄仄平平，平平仄仄，仄仄平平仄仄平。平平仄，仄平平仄仄，仄仄平平。　　平平仄仄平平。仄仄仄、平平仄仄平。仄平平仄仄，平平仄仄，平平仄仄，仄仄平平。仄仄平平，平平仄仄，仄仄平平仄仄平。平平仄，仄平平仄仄，仄仄平平。

何处相逢？登宝钗楼，访铜雀台。唤厨人斫就，东溟鲸脍，围人呈罢，西极龙媒。天下英雄，使君与操，余子谁堪共酒杯？车千乘，载燕南代北，剑客奇材。饮酣鼻息如雷。谁信被、晨鸡催唤回？叹年光过尽，功名未立。书生老去，机会方来。使李将军，遇高皇帝，万户侯何足道哉？披衣起，但凄凉回顾，慷慨生哀。

—— （宋）刘克庄《沁园春（梦方孚若）》

（48）贺新郎（金缕曲）　　一百十六字　双调

　　(仄)仄平平仄。(仄)平平、(平)平仄仄，(仄)平平仄。(仄)仄(平)平平(仄)仄，(仄)仄平平仄仄。(仄)仄仄、平平平仄。(仄)仄(平)平平(仄)仄，(仄)平平、(仄)仄平平仄。平仄仄，仄平仄。　　　(平)平(仄)仄平平仄。仄平平、(平)平仄仄，仄平平仄。(仄)仄(平)平平(仄)仄，(仄)仄平平(仄)仄。(仄)仄仄、平平平仄。(仄)仄(平)平平仄(仄)仄，仄平平、(仄)仄平平仄。平仄仄，仄平仄。

　　北望神州路。试平章这场公事，怎生分付。记得太行山百万，曾入宗爷驾驭。今把作握蛇骑虎。君去京东豪杰喜，想投戈下拜真吾父。谈笑里，定齐鲁。　　两河萧瑟惟狐兔。问当年祖生去后，有人来否？多少新亭挥泪客，谁梦中原块土？算事业须由人做。应笑书生心胆怯，向车中闭置如新妇。空目送，塞鸿去！

　　　　　　　　　　　　——（宋）刘克庄《贺新郎（送陈真州子华）》

　　（"试平章""今把作""想投戈""问当年""算事业""向车中"后面都有小停顿。）

（49）摸鱼儿　　一百十六字　双调

　　仄平平、仄平平仄，(平)平平仄平仄。(平)平(仄)仄平平仄，(仄)仄仄平平仄。平仄仄。(仄)仄仄、平平(仄)仄平平仄。平仄平仄。仄(仄)仄平平（上一下四），(平)平仄仄，仄仄仄平仄。　　　平仄仄，(仄)仄仄平平仄。(平)平仄平仄。平平(仄)仄平平仄，(仄)仄仄平平仄。平仄仄。平仄仄、平平(仄)仄平平仄。平平仄仄。仄(仄)仄平平（上一下四），(平)平仄仄，(仄)仄仄平仄。

　　更能消几番风雨？匆匆春又归去。惜春长怕花开早，何况落红无数！春且住！见说道天涯芳草无归路。怨春不语，算只有殷勤，画檐蛛网，尽日惹飞絮。　　长门事，准拟佳期又误。蛾眉曾有人妒。千金纵买相如赋，脉脉此情谁诉？君莫舞！君不见玉环飞燕皆尘土。闲愁最苦。休去倚危栏，斜阳正在，烟柳断肠处！

　　　　　　　　　　　　　　——（宋）辛弃疾《摸鱼儿》

　　（"休去倚危栏"是上二下三，但一般都作上一下四，辛弃疾另有两首也是上一下四。）

142

(50) 六州歌头　　一百四十三字　双调

平平仄仄，仄仄仄平平。平平仄，平平仄，仄平平。仄平平。仄仄
平平仄，平平仄，平平仄。平仄仄，平平仄，仄平平。仄仄平平，仄仄
平平仄，仄仄平平。仄平平仄仄（上一下四），仄仄仄平平。仄平平
仄平平。　　仄平平仄（上一下三），平平仄，平平仄，仄平平。平平
仄，平平仄，仄平平。仄平平，仄仄平平仄，平平仄，仄平平。平平仄，
平平仄，仄平平。平仄平平仄，平平仄、仄仄平平。仄平平仄仄（上
一下四），仄仄仄平平。仄仄平平。

长淮望断，关塞莽然平。征尘暗，霜风劲，悄边声。黯销凝。追想
当年事，殆天数，非人力；洙泗上，弦歌地，亦膻腥。隔水毡乡，落日牛
羊下，区脱纵横。看名王宵猎，骑火一川明。笳鼓悲鸣，遣人惊。

念腰间箭，匣中剑，空埃蠹，竟何成！时易失，心徒壮，岁将零。渺
神京。干羽方怀远，静烽燧，且休兵。冠盖使，纷驰骛，若为情？闻道中
原遗老，常南望翠葆霓旌。使行人到此，忠愤气填膺。有泪如倾。

—— （宋）张孝祥《六州歌头》

（"常南望"后面有小停顿。）

第五章　曲

第一节　曲的概说

词和曲，这两个名称都选择得不很好。现在普通所谓"词"，唐代叫作"曲"。因此，唐崔令钦《教坊记》所录的曲名，如《望江南》《浪淘沙》之类，也就是词名；而且有些词牌简直就叫作"曲"，例如《金缕曲》。现在普通所谓曲，元明两代却又有许多人叫作词，例如周德清《中原音韵》里面所谓"词"，都是指曲而言（周氏有《作词十法疏证》）；李玄玉《北词广正谱》，宁献王《涵虚子词品》，徐渭《南词叙录》等书所谓"词"，也都是曲；菉斐轩《词林要韵》和戈载《词林正韵》所谈的韵其实是曲韵。

但是，我们实在不必追究那些名称混乱的情形，只需就一般人所谓"词"和"曲"而去寻求它们的定义。实际上，词和曲是有分别的。

依一般人看来，词和曲的最大分别是：前者只是一种变相的诗（最初是配音乐的，后来连音乐也不配了）；后者却是一种可以表演的戏剧，所以除了曲调之外还有科白。但是，我们不愿从这上头去说明词和曲的分别，因为：（一）科白之类不是诗，而我们只想从诗的本质上去分辨词和曲；（二）曲中有一种散曲，是和戏剧没有关系的，因此咱们不能说曲就是戏剧。

从诗的本质上看，词和曲的分别是：

1. 词的字句有一定；曲的字数没有一定，甚至在有些曲调里，增句也是可以的。

2. 词韵大致依照诗韵；曲韵则另立韵部。

3. 词有平上去入四声；北曲则入声被取消了，归入平上去三声。

曲有北曲南曲之分。依王易《词曲史》所论，它们的主要分别在乎：

（一）板式；（二）谱式；（三）套数；（四）宫调。这些都和诗的本质没有关系。实际上，假使不管上述的四种情形，北曲和词的分别大，南曲和词的分别小。因此，我们为节省篇幅起见，预备撇开南曲不谈。现存的元曲中，除《琵琶记》外，都是北曲。本章所论，一律以元曲为标准，因为每一种诗体在首创的时代，它的规律总是比较严格的。正像我们论诗宗唐，论词宗宋一样，我们论曲不能不宗元。

曲有杂剧散曲之分。杂剧就是一种带着科白的歌剧（南曲里称为传奇），其中的曲调是剧中人唱的（往往是主角唱，而且往往全剧只有一个人唱）；散曲不是戏剧，没有科白，只是一种吟咏，较近于词。到底先有杂剧还是先有散曲呢？依我们猜想是先有杂剧，因为衬字是由歌曲而生的，没有歌曲则无所谓衬字了。

曲又有小令和套数之分。小令等于一首单调的词，套数则是几个或十余个曲调的组合。杂剧里只有套数，没有小令。散曲里有小令，也有套数。它们的关系如下图：

$$\text{杂剧} \diagdown \text{套数}$$
$$\text{散曲} \diagup \text{小令}$$

曲一套，称为一折。普通全剧只有四折，或再加楔子。北曲共分为十二个宫调（大概说来是十二类的调子）。原则上，同套者必须同一宫调。十二宫调的名称如下：

1. 黄钟　　2. 正宫　　3. 大石调　　4. 小石调

5. 仙吕　　6. 中吕　　7. 南吕　　　8. 双调

9. 越调　　10. 商调　　11. 商角调　　12. 般涉调

这十二宫调当中，最常用的是正宫、仙吕、中吕、南吕和双调，其次是越调和商调（第一折往往用仙吕，其他三折随便），又其次是大石和黄钟，最罕见的是小石，商角和般涉。现在依照《中原音韵》，把七种常用的宫调里面的曲牌录出如下：

1. **正宫** 端正好 滚绣球 倘秀才 灵寿杖（呆骨朵） 叨叨令 塞鸿秋 脱布衫 小梁州 醉太平 伴读书（村里秀才） 笑和尚 白鹤子 双鸳鸯 货郎儿 蛮姑儿 穷河西 芙蓉花 菩萨蛮 黑漆弩（学士吟，鹦鹉曲） 月照庭 六么遍（柳梢青） 甘草子 三煞 啄木儿煞 煞尾

2. **仙吕** 端正好 赏花时 八声甘州 点绛唇 混江龙 油葫芦 天下乐 那吒令 鹊踏枝 寄生草 六么序 醉中天 金盏儿（醉金钱） 醉扶归 忆王孙 一半儿 瑞鹤仙 忆帝京 村里迓鼓 元和令 上马娇 游四门 胜葫芦 后庭花（亦作煞） 柳叶儿 青哥儿 翠裙腰 六么令 上京马 袄神急 大安乐 绿窗怨 穿窗月 四季花 雁儿 玉花秋 三番玉楼人 锦橙梅 双雁子 太常引 柳外楼 赚煞尾

3. **中吕** 粉蝶儿 叫声 醉春风 迎仙客 红绣鞋（朱履曲） 普天乐 醉高歌 喜春来（阳春曲） 石榴花 斗鹌鹑 上小楼 满庭芳 十二月 尧民歌 快活三 鲍老儿 红芍药 剔银灯 蔓菁菜 柳青娘 道和 朝天子（谒金门） 四边静 齐天乐 红衫儿 苏武持节（山坡羊） 卖花声（升平乐） 四换头 摊破喜春来 乔捉蛇 煞尾

4. **南吕** 一枝花 梁州第七 隔尾 牧羊关 菩萨梁州 玄鹤鸣（哭皇天） 乌夜啼 骂玉郎 感皇恩 采茶歌（楚江秋） 贺新郎 梧桐树 红芍药 四块玉 草池春（斗虾蟆） 鹌鹑儿 阅金经（金字经） 翠盘秋（干荷叶） 玉交枝 煞 黄钟尾

5. **双调** 新水令 驻马听 乔牌儿 沈醉东风 步步娇（潘妃曲） 夜行船 银汉浮槎（乔木查） 庆宣和 五供养 月上海棠 庆东原 拨不断（续断弦） 搅筝琶 落梅风（寿阳曲） 风入松 万花方三叠 雁儿落（平沙落雁） 德胜令（阵阵赢，凯歌回） 水仙子（凌波仙，湘妃怨，冯夷曲） 大德歌 镇江回 殿前欢（小妇孙儿，凤将雏） 滴滴金（甜水令） 折桂令（秋风第一枝，天香引，蟾宫曲，步蟾宫） 清江引 春闺怨 牡丹春 汉江秋（荆襄怨） 小将军 庆丰年 太清歌 小阳关 捣练子（胡捣练） 秋莲曲 挂玉钩序 荆山玉（侧砖儿） 竹枝歌 沽美酒（琼林宴） 太平令 快活年 乱柳叶 豆叶黄 川拨棹 七兄弟 梅花酒 收江南 挂玉钩（挂搭沽） 早乡词 石竹子 山石榴 醉娘子（醉也摩挲） 驸马还朝（相公爱） 胡十八

一锭银　阿纳忽　小拜门（不拜门）　慢金盏（金盏儿）　大拜门　也
不罗（野落索）　小喜人心　风流体　古都白　唐元夕　河西水仙子
华严赞　行香子　锦上花　碧玉箫　袄神急　骤雨打新荷　驻马听近
金娥神曲　神曲缠　德胜乐　大德乐　楚天遥　天仙令　新时令　阿忽
令　山丹花　十棒鼓　殿前喜　播海令　大喜人心　醉东风　间金四块
玉　减字木兰花　高过金盏儿　对玉环　青玉案　鱼游春水　秋江送
枳郎儿　河西六娘子　皂旗儿　本调煞　鸳鸯煞　离亭燕带歇指煞　收
尾　离亭燕煞

　　6. **越调**　斗鹌鹑　紫花儿序　金蕉叶　小桃红　踏阵马　天净沙
调笑令（含笑花）　秃厮儿（小沙门）　圣药王　麻郎儿　东原乐　络丝
娘　送远行　绵搭絮　拙鲁速　雪里梅　古竹马　郓州春　眉儿弯　酒
旗儿　青山口　寨儿令（柳营曲）　黄蔷薇　庆元贞　三台印（鬼三台）
　凭阑人　要三台　梅花引　看花回　南乡子　糖多令　雪中梅　小络
丝娘　煞　尾声

　　7. **商调**　集贤宾　逍遥乐　上京马　梧叶儿（知秋令）　金菊香
醋葫芦　挂金索　浪来里（亦作煞）　双雁儿　望远行　凤鸾吟　玉抱
肚　秦楼月　桃花浪　高平煞　尾声

有同一曲而入两种以上的宫调者，例如：

　　仙吕双雁子（双燕子）即商调双雁儿。
　　（根据《北词广正谱》。）

但是，有些完全同名的曲子，内容倒反是不同的：

　　端正好：正宫与仙吕不同。
　　上京马：仙吕与商调不同。
　　袄神急：仙吕与双调不同。
　　斗鹌鹑：中吕与越调不同。
　　红芍药：中吕与南吕不同。

其他各曲异同，有《北词广正谱》等书可考。

在原则上，同一套内的曲，必须同一宫调，但有时也可以"借宫"。借宫是有相当限制的。普通借宫的情形如下：

正宫：叫声（借中吕）　鲍老儿（借中吕）　十二月（借中吕）　尧民歌（借中吕）　快活三（借中吕）　朝天子（借中吕）　村里迓鼓（借仙吕）　元和令（借仙吕）　上马娇（借仙吕）　胜葫芦（借仙吕）

仙吕：得胜乐（借双调）

南吕：水仙子（借双调）　荆山玉（借双调）　竹枝歌（借双调）神仗儿（借黄钟）

中吕：脱布衫（借正宫）　小梁州（借正宫）　哨遍（借般涉）　耍孩儿（借般涉，最常见）　六么遍（借正宫）　六么序（借仙吕）　白鹤子（借正宫）　滚绣球（借正宫）　倘秀才（借正宫）　蛮姑儿（借正宫）　穷河西（借正宫）　呆骨朵（借正宫）　伴读书（借正宫）　笑和尚（借正宫）　后庭花（借仙吕）　双鸳鸯（借正宫）　墙头花（借般涉）

双调：干荷叶（借南吕）　梧桐树（借南吕）　金字经（借南吕）金盏儿（借仙吕）　卖花声煞（借中吕）

越调：醉中天（借仙吕）　醉扶归（借仙吕）

商调：后庭花（借仙吕）　青哥儿（借仙吕）　春闺怨（借双调）雁儿落（借双调）　得胜令（借双调）　小梁州（借正宫）　牡丹春（借双调）　秋江送（借双调）　双雁儿（借仙吕）　柳叶儿（借仙吕）　上京马（借仙吕）　山坡羊（借中吕）　四季花（借仙吕）　元和令（借仙吕）　上马娇（借仙吕）　游四门（借仙吕）　胜葫芦（借仙吕）　节节高（借黄钟）　四门子（借黄钟）

由上所述，可见借宫也不是随便可借的，大约须宫调相近，然后可借。譬如正宫与中吕、仙吕相近，中吕与正宫、般涉相近，双调与南吕相近，商调与仙吕、双调相近，等等。散曲的套数则不借宫。

有些曲子是有连带关系的，往往是两三个曲子共成一组，不可分割。每套的开始第一组大致如下：

正宫：端正好　滚绣球　倘秀才

仙吕：点绛唇　混江龙　油葫芦　天下乐（偶有例外）

中吕：粉蝶儿　醉春风

南吕：一枝花　梁州第七

双调：新水令　驻马听（或步步娇）

越调：斗鹌鹑　紫花儿序

商调：集贤宾　逍遥乐

其他各组如下：

正宫：倘秀才与滚绣球（这两个曲子叫做子母调，可以轮流连用至数次）　脱布衫与小梁州

仙吕：那吒令与鹊踏枝、寄生草（寄生草较有独立性）

中吕：快活三与朝天子（或鲍老儿）　别银灯与蔓菁菜　石榴花与斗鹌鹑　十二月与尧民歌

南吕：隔尾与牧羊关　玄鹤鸣（哭皇天）与乌夜啼　红芍药与菩萨梁州　骂玉郎与感皇恩、采茶歌

双调：雁儿落与得胜令　滴滴金（甜水令）与折桂令　川拨棹与七弟兄　梅花酒与收江南（往往跟着上一组）　沽美酒与太平令

越调：调笑令与小桃红（多数）　秃厮儿与圣药王　东原乐与绵搭絮（多数）　黄蔷薇与庆元贞

商调：金菊香与醋葫芦（或凤鸾吟）

因此，在小令里，有"带过"的办法（或简称"带"或"兼"），例如骂玉郎带过感皇恩、采茶歌，雁儿落带过得胜令，黄蔷薇带庆元贞，齐天乐带红衫儿等。

一个剧本的开始，可以先来一个楔子；甚至一折的开始也可以有楔子，不过罕见罢了。楔子往往是仙吕《赏花时》，或仙吕《端正好》。一个曲子完了，如果意犹未尽，可以来一个么篇。么篇大概就是"前腔"的意思，有时候字句稍有增减。

现在谈到小令。并非每一个曲牌都可用为小令。滚绣球、倘秀才之类是限用于杂剧和套数的。普通常见的元人小令只有下列这些曲子（最常见者加点为号）：

正宫：塞鸿秋　醉太平　小梁州　六么遍　叨叨令　鹦鹉曲

仙吕：寄生草　醉中天　一半儿　游四门　后庭花　青哥儿　四季花　锦橙梅　三番玉楼人　太常引

中宫：朝天子（谒金门）　红绣鞋　山坡羊　迎仙客　喜春来（阳春曲）　上小楼　满庭芳　乔捉蛇　鹊打冤　醉春风　快活三　尧民歌　摊破喜春来　卖花声（升平乐）　齐天乐带过红衫儿

南吕：四块玉　阅金经（金字经）　干荷叶　玉娇枝　骂玉郎带过感皇恩、采茶歌

双调：大德歌　大德乐　沈醉东风　碧玉箫　庆东原　驻马听　拨不断　寿阳曲（落梅风）　折桂令（蟾宫曲）　百字折桂令　清江引　殿前欢　水仙子　雁儿落　带得胜令　新时令　秋江送　十棒鼓　袄神急　楚天遥　播海令　青玉案　殿前喜　华严赞　山丹花　鱼游春水　骤雨打新荷　步步娇　太平令　梅花酒　小将军　阿纳忽　捣练子　春闺怨　快活年　皂旗儿　枳郎儿　庆宣和　风入松

越调：天净沙　小桃红　凭阑人　寨儿令（柳营曲）　黄蔷薇带庆元贞　糖多令　小络丝娘

商调：梧叶儿（知秋令）　百字知秋令　望远行　玉抱肚　秦楼月（忆秦娥）　满堂红　商调水仙子　芭蕉延寿　蝶恋花

黄钟：人月圆　刮地风　昼夜乐

曲牌和词牌相同者颇多，也许当初同出一源（不一定都是）；但就事实上看来，有些虽然相同，有些却大不相同。就北曲而论，曲与词名同而实亦同者，有下列各曲（曲皆单调，不似词有双阕）：

点绛唇　太常引　忆王孙　风入松（同词的第一体）　糖多令　秦楼月（同前阕或后阕均可）　南乡子　念奴娇　鹊踏枝（双调）　青杏儿　鹧鸪天

大致相同者，有下列各曲：

　　青玉案　忆帝京　粉蝶儿　书夜乐　喜迁莺　女冠子　归塞北（望江南）　醉春风　夜行船　梅花引　集贤宾　瑞鹤仙

名同而实不同者，有下列各曲：

　　捣练子　调笑令　醉太平　贺圣朝　鹊踏枝（仙吕）　感皇恩　离亭宴（燕）　六么令　八声甘州　哨遍　踏莎行　应天长　后庭花　望远行　乌夜啼　贺新郎　满庭芳　剔银灯　最高楼（醉高歌）　女冠子　滚绣球　天下乐　金盏儿　朝天子　齐天乐　卖花声　四换头　玉交枝　驻马听　滴滴金　豆叶黄　川拨棹（拨棹子）　减字木兰花　雁过南楼　金蕉叶　逍遥乐　黄莺儿　玉抱肚　垂丝钓

有些曲子，名称虽不和词相同，实际上是词的变相。最显明的例子是《一半儿》。它是《忆王孙》的变相。试此较下面的两个例子：

　　萋萋芳草忆王孙。柳外楼高空断魂。杜宇声声不忍闻。欲黄昏，雨打梨花深闭门。

　　　　　　　　　　　　　　　　——秦观《忆王孙（香闺)》

　　海棠香雨污吟袍。薜荔空墙闲酒瓢。杨柳晓风凉野桥。放诗豪，一半儿行书，一半儿草。

　　　　　　　　　　　　　　　　——张可久《一半儿（野桥)》

“儿”是衬字；除了“儿”字不算，字数和格式都和《忆王孙》相同。《一半儿》普通在末句仄煞，《忆王孙》普通在末句平煞，这是小小的分别。但《一半儿》亦有平煞者，如赵善庆《寻梅》：“一半儿衔着一半儿开”；《忆王孙》入曲后亦有仄煞者，如白仁甫《梧桐雨》：“苦浸凌波罗袜冷。”总之，它们的关系是很明显的。

　　单就诗的本质来说，曲实在就是词的一种，在杂剧和传奇里，它是戏剧中的词。再溯得远些，词又是诗的一体，所以杂剧和传奇又是一种诗剧。就散曲说，曲和词的界限更难分了。咱们不能以曲牌与词牌的名称之不同来把它们分成两种诗体。在上文我们以韵部的不同和声调的不同来辨别曲和词，也只不过是一种说法。其实，到了元代，实际口语和唐代的语言相差得太远了，作曲的人不能不顺着自然的趋势，去变更曲的韵部和调类。严格地说，在诗的本质上，这声韵方面并不能说有很大的关系。那么，曲和词的最大分别就在于有无衬字。这就是下节所要讨论的了。

第二节　衬字和字句的增损

衬字，就是在曲律规定必需的字之外，增加的字。就普通说，这种衬字在歌唱时，应该轻轻地带过去，不占重要的拍子；尤其北曲是如此。试此较下面的一首词的《念奴娇》和一首曲的《念奴娇》：

萨都剌《石头城》：

> 石头城上，望天低，吴楚眼空无物。指点六朝形胜地，惟有青山如壁。蔽日旌旗，连云樯橹，白骨纷如雪。大江南北，消磨多少豪杰！

郑德辉《㑇梅香》：

> 惊飞幽鸟，荡残红，扑簌簌胭脂零落。门掩苍苔书院悄，润破窗纸偷瞧。则为一操瑶琴，一番相见，又不曾道闲期约。多情多绪，等闲肌骨如削！

曲中的"扑"，"则为"，"又不"，都是衬字。就意义上说，衬字往往是些无关重要的字。就音韵上说，衬字不能用于重音，因此，衬字不能用于句末（这里的句指 sentence），尤其是不能用作韵脚。

要知道句末无衬字，必须先知曲子的句末无轻音。情貌词和语气词如"着""了""啊"（"呵"）等字，及词尾"儿"字，在现代普通话里念轻音的，在元曲里的句末都念重音。例如：

_{霍霍的}揭动朱帘_时你等着（韵），_{刹刹的}弹响窗棂_{时，痾痾的}俺来了。（郑德辉《㑳梅香》）

　　_{则这}夜到明，明到夜，夜到晓（韵），_{可早}刮马_也似光阴过了。（王仲文《张子房》）

　　欲审旧题诗（韵），支关上阁门儿。（无名氏《游四门》小令）

　　待推_来怎地推（韵）？不招_承等甚的？（孙仲章《勘头巾》）

　　_{我则道}拂花残，打稿儿（韵），_{元来他}染霜毫，不勾思。（王实甫《西厢记》）

　　_{不是见}吃闪着亏你劝不的（韵），把俺死央及。（王伯成《天宝遗事》）

　　_{势到来}如之奈何（韵）！_{若是}楚国天臣见了呵（韵），_{其实}难回避，怎收撮？（无名氏《气英布》）

　　非但句末的衬字不可能，连一个停顿处（pause）普通也不用衬字。像上文所举郑德辉《㑳梅香》里"弹响窗棂时"的"时"字用为衬字，是罕见的例外。

　　最常见的衬字自然是用于句首的（这里的句是指句子形式）。这种衬字有虚字，有实字，最不拘。例如：

　　_{大师}一一问行藏，_{小生}仔细诉衷肠：_{自来}西洛是吾乡；宦游四方，寄居咸阳。_{先人拜}礼部尚书多名望，五旬上因病身亡。平生正直无偏向，_{止留下}四海一空囊！

——王实甫《西厢记·石榴花》

　　_{小生}特来见访，_{大师}何须谦让？_{这钱也}难买柴薪，不勾斋粮，且备茶汤。_{你若}有主张，对艳妆，_将言词说上，_{我将你}众和尚死生难忘！

——王实甫《西厢记·上小楼》

　　至于句中，原则上只能用虚字。这里所谓虚字，包括情貌词"了"和"着"，助动词"将"和"把"，副词"也"和"又"，"的""行"，以及"里""般""来""这""那""他""我"等字，又叠字的第二字亦可归入此类。现在分别举例如下①：

"了"字。
　　游了洞房，登了宝塔。（王实甫《西厢记》）
　　且休泄漏了天机。（曾瑞卿《留鞋记》）
　　泄漏了春光。（无名氏《杜鹃啼》）

"着"字。
　　腕鸣着金钏，裙拖着素练。（关汉卿《玉聪丝控》）
　　你则合小心儿镇守着夹山寨。（李直夫《虎头牌》）
　　我向竹篱茅舍枕着山腰。（李寿卿《叹骷髅》）
　　殿阶前空立着正直碑。（尚仲贤《王魁负桂英》）

"将"字和"把"字。
　　不向村务里将琴剑留，仓廒中把米麦收。（无名氏《丽人天气》）

"也"字。
　　便是铁石人也意惹情牵。（王实甫《西厢记》）
　　壮志也消磨。（张云庄《梅花酒》小令）

"又"字。
　　行者又嚎，沙弥又啃。（王实甫《西厢记》）
　　更俄延又恐怕他左猜。（马致远套数《集贤宾》么篇）

"的"字。
　　我是他亲生的女。（关汉卿《金线池》）
　　送女的霜毫笔，守亲的石砚台。（王实甫《芙蓉亭》）
　　以此上不免的依随。（王伯成《天宝遗事》）
　　眼脑里嗤嗤的采揪捽。（关汉卿《调风月》）

---

① 编者按：以下各衬字运用举例，只选取部分例句，未按原书全录。

"行"字。

不是我兄弟行奚落，婶子行熬煎，向侄儿行埋怨。（李直夫《虎头牌》）

"里"字。

每日向茶坊酒肆勾阑里串。（李直夫《虎头牌》）

猛可里见姨夫。（无名氏《翠楼红袖》）

少不得北邙山下丘土里埋。（无名氏《秋江送》小令）

"般"字。

有韦娘般风度，谢女般才能。（商政叔《拈花惹草心》）

蠹鱼般不出费钻研。（王实甫《西厢记》）

黑锭般髭须。（明贾仲明《金童玉女》）

有一千般歹斗处。（王伯成《天宝遗事》）

"来"字。

向前来推那玉兔鹘。（关汉卿《调风月》）

若得他来双双配偶。（白仁甫《御水流红叶》）

度量来非为人谗谮。（朱庭玉《既不知心》）

气昂昂九尺来彪躯。（王伯成《天宝遗事》）

"这"字。

你看这讯指间乌飞兔走。（不忽麻《身卧槽丘》）

曲卖了这庄田。（张酷贫《汗衫记》）

"那"字。

他越把那庞儿变。（关汉卿《玉聪丝控》）

"他"字。

料应他必定是个中人。（张小山《锦橙梅》小令）

"我" 字。

　　闪的_我孤单。（无名氏《鱼游春水》小令）

　　不着_我题名_儿骂。（无名氏《三番玉楼人》小令）

"俺" 字。

　　_{兀的}不思量杀_俺也么天。（关汉卿《玉镜丝控》）

　　_{大古是}知重_俺帝王家。（白仁甫《梧桐雨》）

"个" 字。

　　谁是谁非辨_个清浊。（康退之《黑旋风负荆》）

　　但见_个客人，厌得倒褪。（王实甫《西厢记》）

　　_{留下这}买路钱，别有_个商议。（白仁甫《箭射双雕》）

　　虽是_个女流辈。（商政叔《拈花惹草心》）

"些" 字。

　　玉容_上带着_些寂寞色。（马致远套数《集贤宾》么篇）

　　无_{些儿}劝功。（白仁甫《东墙记》）

"和" 字。

　　_{古和}今都是一南柯。（张云庄《急流勇退》）

"价" 字。

　　我每日_价枕冷衾寒。（关汉卿《绯衣亭》）

"厢" 字。

　　耳边_厢金鼓连天。（王实甫《西厢记》）

叠字。

　　_{相公又}恶噷_噷乖劣。（白仁甫《墙头马上》）

　　醉醺_醺酒淹衫袖湿。（无名氏《四季花》小令）

则见那瘦岩_岩影儿可喜杀。（马致远《汉宫秋》）

败叶儿渐零_零乱飘。（明杨景言套数《二郎神》）

那绿依_依翠柳。（同上。）

每句可衬多少字，并没有一定的规律。大致说来，小令衬字少，套数衬字多，杂剧衬字更多。与词名实都同的曲子，衬字也往往较少，甚至不衬字（如《鹧鸪天》《秦楼月》《粉蝶儿》《太常引》）。有些专为小令的曲子，如《干荷叶》《金字经》之类，也是不衬字的。

衬字既没有一定，因此由衬一字至衬十余字都有。现在分别举例如下：

衬一字。

_想莺莺意儿，_怎不教人梦想眠思？（王实甫《西厢记·贺圣朝》）

_早是俺多病多愁。（关汉卿套数《鲍老三台滚》）

_他一片胡言都是空。（白仁甫《东墙记·东原乐》）

衬二字。

_{立呵}丹青仕女图，_{坐呵}观世音自在居，_{睡呵}羊脂般卧着美玉，_{吹呵}韵轻清彻太虚，_{弹呵}抚冰弦断复续，_{歌呵}白苎宛意有余，_{舞呵}彩云簇掌上珠。（明贾仲明《金童玉女》）

_{正值}暮春时节。（商政叔套数《玉抱肚》）

衬三字。

_{我为他}使尽了心，他为我添消瘦。（庾吉甫《迤里秋来到》套数，《凤鸾吟》）

_{眼见的}枕剩帏空，怎教的更长漏永？（白仁甫《东墙记·斗鹌鹑》）

_{瘦岩岩}香消玉减，_{冷清清}夜永更长，_{孤另另}枕剩衾余。（宋方壶《落日遥岑》套数，《紫花儿序》）

衬四字。

_{自从在我}山林住，_{惯纵的我}礼数无。（王实甫《丽春堂·东原乐》）

_{伴着的是}茶药琴棋笔砚书。（白仁甫《东墙记·绵搭絮》）

_{论文呵有}周公礼法，_{论武呵代}天子征伐。（乔梦符《两世姻缘·绵搭絮》）

衬五字。

_{逃莫拷的我}皮肉烂。（关汉卿《金线池》仙吕《端正好》么篇）

_{不想驴背上}吃了一交。（无名氏《纸扇记·鹌鹑儿》）

_{则这的便是}玄关一窍。（邓玉宾《丫髻环条·后庭花》）

_{大刚来则是}夫妻福齐。（郑德辉《月夜闻笛》）

_{那厮分不的}两部鸣蛙。（马致远《青衫泪·红芍药》）

衬六字。

_{俺先人甚的是}浑俗和光。（王实甫《西厢记》越调《斗鹌鹑》）

_{兀的不送了他}三百僧人。（同上，《六么序》么篇）

_{那厮每贩的是}紫草红花。（马致远《青衫泪·红芍药》）

_{子母每轮替换}当朝贵。（宫大用《范张鸡黍·六么序》）

_{他每一做一个}水山浮沤。（关汉卿《救风尘·逍遥乐》）

衬七字。

_{写不就碧云笺上}锦字书缄。（无名氏《鸳鸯冢·哭皇天》）

_{不索问转轮王把}恩仇论。（李取远《乐巴喋酒·草池春》）

_{寡人亲捧一盏儿}玉露春寒。（白仁甫《梧桐雨》）

衬八字。

_{他醉呵晚风前垂柳}翠扶疏。（明贾仲明《金童王女·河西后庭花》）

_{可则又冻的我这}脚尖儿麻。（李文蔚《燕青博鱼·喜秋风》）

_{你看我}再施呈_{生擒王世充}当日威风，_{你看我}重施展_{活扶雷世猛}当时气力。（无名氏《不伏老·耍三台》）

衬九字。

_{这的是爱小妇休前妻}到头下梢。（无名氏《纸扇记·鹌鹑儿》）

_{三行两行写长空呖呖}雁落平沙。（白无咎《百字折桂令》小令。）

衬十字。

有几多说不尽人不会的**偏僻，风流，是非。**（朱廷玉套数《梁州第七》）

险些儿不忧的咱忧的咱**意攘心闲。**（无名氏《连环记·草池春》）

衬十九字。

你是个揪不折拽不断推不转揉不碎扯不开**慢腾腾千层锦套头。**（关汉卿《出墙花朵朵》，南吕《收尾》）

衬二十字。

我正是个蒸不熟煮不烂炒不爆捶不碎打不破**响当当一粒铜豌豆。**（同上）

由上面这些例子看来，衬六七个字颇为常见，甚至有衬二十字的。大约衬字越多，音节越促。譬如上面所举衬十九字和衬二十字两个例子，我们可以想象得到它们极端迅速地一连串念下去的。因此，曲子的断句，有时候是和散文不同的。譬如上面所举的无名氏《望远行》小令："怕的是灯儿昏，月儿暗，雨儿斜"，《北词广正谱》注云："灯儿三叠只作七字句看。"意思是说，除了衬字之外，就只剩一个七字句："灯昏月暗雨儿斜。"

以全首而论，有些曲子是衬字比曲字还多的。现在我们试举出两个最明显的例子：

绛蜡残半明不灭寒灰**看时看节落，**沉烟烬细里末里微分明**日里渐里消。**碧纱窗外风弄雨**昔留昔零打芭蕉；**恼碎芳心近**砌下**啾啾唧唧**寒蛩闹，**惊回曲曲梦丁丁当当**檐间铁马敲。**半敧**单枕**乞留乞良**捱彻今宵，**只被这**一弄儿**凄凉断送的愁人**登时**间**病了。**

———王和卿《百字知秋令（小令）》

（曲字卅九，衬字六十一。）

哎你个淹答的官人**你便休怪：**若有俺那千户见了你个官人**这其间，**杀羊也那造酒宰马敲牛为**男儿不在。**帐房里没**什么**什么的**东西**东西这的**五隔。一来是为人作客，**二来甫问年高三来是看上敨下敨道小观俺这**腰间**明滴溜的**虎头牌。**

———无名氏《播海令（杂剧咎咎旦）》

（曲字廿八，衬字六十六）

又据《北词广正谱》所述孔文卿《东窗事犯·醉春风》里面的一段：

我单道着 你，你休笑我 秽，我这里面倒干净似 你！

（曲字三，衬字十六。）

原注云："三字衬作三句，然只作三字看"，可见衬字有比曲字多到五倍以上的。

周德清《中原音韵》所载曲调三百十五章当中，有十四章是注明"句字不拘，可以增损"的：

正宫：端正好　货郎儿　煞尾

仙吕：混江龙　后庭花　青哥儿

南吕：草池春　鹌鹑儿　黄钟尾

中吕：道和

双调：新水令　折桂令　梅花酒　尾声

（依《北词广正谱》所载，正宫《端正好》句字不可增损，而是仙吕《端正好》句字可以增损。又《广正谱》于此十四章外加仙吕《六幺序》，南吕《玄鹤鸣》《收尾》双调《搅筝琶》共成十八章。）

这所谓句字可以增损，是和衬字不同的。衬字是曲字以外的字；而周德清所谓句字可以增损，则是曲字本身可以增损。试看下面的两首《后庭花》（增加的句字以·为号）：

湖山曲水重，楼台烟树中。人醉苏堤月，风传贾寺钟。冷泉东，行人频问，飞来何处峰？

——吕止庵《后庭花（小令）》

我则道拂花笺打稿儿，元来他染霜毫不勾思。先写下几句寒温序，后题着五言八句诗。不移时，把花笺锦字，叠做个同心方胜儿。忒风流忒然思；忒聪明忒浪子。虽然是假意儿，小可的难到此。

——王实甫《西厢记·后庭花》

"我则道"和"元来他"之类是衬字，只有"拂"和"染"是增字，增和衬的分别是很显然的。"忒风流"以下是增句。又如（增处用·号，减处用〇号）：

晚风寒峭透窗纱，控金钩绣帘不挂。门东凝暮霭，楼阁敛残霞。恰对菱花，楼上晚妆罢。

——白仁甫《箭射双雕·新水令第一式》

（这首当做正则的《新水令》；所谓增损，以此为准。）

一声啼鸟落花中，惜花心又还无用。〇〇深院宇，〇〇小帘栊。点检春工，夕阳外绿阴重。

——元好问《新水令第二式（套数）》

正黄昏庭院景凄凄，哭啼啼，泪双垂。走的软兀剌一丝无两气。渐零零的小路险，昏剌剌的晚风吹。脚步儿刚移，一步步行来到枉死地。

——无名氏《浮沤记·新水令第三式》

句字可以增损的曲调绝不止如周德清所指出的十四章。例如：南吕《玄鹤鸣》（哭皇天）就是《北词广正谱》所谓"句字不拘，可以增损，周德清失注"的。这些都用不着多举例。

此外，另有一种语法上的衬字。普通的口语里是用不着这种衬字的；在曲子里，有时候需要这种闲字来凑足字数，或显出一种特殊的风趣。这种语法上的衬字，最显明的就是用于句末的，例如《叨叨令》的"也么哥"：

兀的不冻杀人也么哥！兀的不冻杀人也么哥！（无名氏《杀狗劝夫》）老了人也么哥！老了人也么哥！（张可久小令。）

及醉娘子的"也么天"或"也摩挲"(较罕见):

你莫不真的待要去也么天……兀的不思量杀俺也么天!(关汉卿套数《玉骢丝控》)

真个醉也摩挲,真个醉也摩挲。(王伯成套数《四时湖水》)

但最特别的还是夹在一个仂语的中间。例如:

因此上瘸胶跛足践尘埃。哀也波哉!(岳伯川《铁拐李·尧民歌》)
("哀也波哉"等于说"哀哉"。)

则俺这村也波坊,不比那府共州。(无名氏《桃花女·天下乐》)
("村也波坊"等于说"村坊")

抡的柄铜锹分外里险。(宋方壶套数《落日遥岑》)
("分外里险"等于说"分外险")

沈烟烬细里末里微分间日里渐里消。(王和卿《百字知秋令》)
("细里末里"等于说"细末","日里渐里"等于说"日渐"。)

闷拂银筝暂也那消停。(明李唐宾《望远行》小令。)
("暂也那消停"等于说"暂消停"。)

听了些晨钟的这暮鼓。(王实甫《西厢记》)
("晨钟的这暮鼓"等于说"晨钟暮鼓"。)

凤凰台下凤凰台,也波台;凤凰台上凤凰来,也波来。天籁地籁闻人籁,也波籁。(明贾仲明《金童玉女》杂剧,《满堂红》)
(多了一个"台"字,一个"来"字和一个"籁"字,与上面那些例子稍有不同。)

这种语法上的衬字，有些可以当作曲字，有些只能当作普通的衬字。这也值不得仔细去追究了。

第三节　曲谱举例

《中原音韵》共列曲调三百十五章，《太和正音谱》《北词广正谱》等书所载尚不止此；现在只选常用者一百四十九章作谱。谱式大致依照《北词广正谱》，但也有我们修正的地方，也不一一注明。曲牌下加·号者，表示它们常被用于小令。

曲谱。

仙吕第一。

1. 赏花时　此调通常用作楔子。它往往用在全剧的开始，下面跟着就是第一折第一曲仙吕《点绛唇》。偶然也用在第二三四各折的开始，下面跟着的就不是仙吕的曲调了。

2. 点绛唇　第二三两句可不用韵；或第三四两句不叶亦可。

3. 混江龙　此调前四韵各家颇得一致。第五韵变化最多，尽量用对仗是此调的特色。

4. 油葫芦　第四五两韵用对仗；第一二两句可用上声煞句；第二句甚至有用去声煞的。

5. 天下乐　第四韵往往用对仗。

6. 村里迓鼓　末字可平。

7. 元和令

8. 上马娇

9. 游四门

10. 胜葫芦

11. 那叱令　有两种体式。《那叱令》以一连串的四字句为主，四字句第三字必仄，其余三字平仄不甚拘，故第一式亦可用平平仄平，第二式亦可用平仄仄平。此外如仄仄仄平，仄仄仄仄，平平仄仄，都是可能的形式。

12. 鹊踏枝　　　　　　18. 柳叶儿
13. 寄生草　　　　　　19. 金盏儿
14. 六么序　　　　　　20. 醉中天
15. 后庭花　　　　　　21. 雁儿
16. 青哥儿　　　　　　22. 一半儿
17. 醉扶归　　　　　　23. 胈煞

南吕第二。

24. 一枝花　　　　　　34. 哭皇天（玄鹤鸣）
25. 梁州第七　　　　　35. 乌夜啼
26. 四块玉　　　　　　36. 红芍药
27. 贺新郎　　　　　　37. 菩萨梁州
28. 梧桐树　　　　　　38. 干荷叶
29. 牧羊关　　　　　　39. 金字经（阅金经，西番经）
30. 骂玉郎　　　　　　40. 黄钟尾
31. 感皇恩　　　　　　41. 三煞
32. 采茶歌　　　　　　42. 煞尾
33. 隔尾

中吕第三。

43. 粉蝶儿　　　　　　52. 斗鹌鹑
44. 醉春风　　　　　　53. 快活三
45. 叫声　　　　　　　54. 鲍老儿
46. 喜春来（阳春曲）　55. 剔银灯
47. 红绣鞋　　　　　　56. 蔓青菜
48. 朝天子　　　　　　57. 红芍药
49. 四边静　　　　　　58. 普天乐
50. 迎仙客　　　　　　59. 满庭芳
51. 石榴花　　　　　　60. 上小楼

61. 醉高歌（最高楼）
62. 十二月
63. 尧民歌
64. 耍孩儿（借般涉调）
65. 山坡羊

66. 卖花声（升平乐）
67. 齐天乐
68. 红衫儿
69. 尾声（亦入正宫，南吕，般涉，越调）

双调第四。

70. 新水令
71. 驻马听
72. 驻马听近
73. 沉醉东风
74. 雁儿落（平沙落雁）
75. 得胜令
76. 乔牌儿
77. 甜水令（滴滴金）
78. 折桂令（蟾宫曲，步蟾宫）
79. 百字折桂令
80. 碧玉箫
81. 搅筝琶
82. 清江引（江儿水）
83. 步步娇（潘妃曲）
84. 落梅风（寿阳曲）
85. 乔木查（银汉浮槎）
86. 庆宣和
87. 水仙子（凌波仙，湘妃怨，冯夷曲）

88. 庆东原
89. 沽美酒（琼林宴）
90. 太平令
91. 夜行船
92. 挂玉钩
93. 川拨棹
94. 七弟兄
95. 梅花酒
96. 收江南
97. 拨不断（续断弦）
98. 风入松
99. 胡十八
100. 大德歌
101. 德胜乐（得胜乐）
102. 殿前欢
103. 鸳鸯煞
104. 离亭宴煞
105. 歇指煞

正宫第五。

106. 端正好
107. 滚绣球
108. 倘秀才
109. 呆骨朵（灵寿杖）
110. 叨叨令
111. 塞鸿秋
112. 脱布衫
113. 小梁州

114. 醉太平
115. 伴读书（村里秀才）
116. 笑和尚（笑歌赏）
117. 白鹤子
118. 六么遍（柳梢青）
119. 三煞（与南吕不同）
120. 啄木儿煞

越调第六。

121. 斗鹌鹑（与中吕不同）
122. 紫花儿序
123. 金蕉叶
124. 调笑令
125. 小桃红
126. 秃厮儿
127. 圣药王
128. 麻郎儿
129. 络丝娘
130. 东原乐

131. 绵搭絮
132. 拙鲁速
133. 天净沙
134. 鬼三台
135. 要三台
136. 寨儿令（柳营曲）
137. 黄蔷薇
138. 庆元贞
139. 凭阑人
140. 收尾

商调第七。

141. 集贤宾
142. 逍遥乐
143. 挂金索
144. 金菊香
145. 醋葫芦

146. 梧叶儿（知秋令）
147. 双雁儿
148. 柳叶儿
149. 浪来里煞

以上所录曲谱共一百五十一调。《黄钟》《大石》两宫颇为罕用，所以没有录入。至于《般涉》《小石》《商角》三宫，元代杂剧中完全不用；又有所谓《道宫》及《高平调》，并为《中原音韵》所不录，自然更不必为它们作谱了。

下编 ◎

古代汉语常识

第一章　怎样学习古代汉语

现代汉语是从古代汉语发展来的，我们学习古代汉语，无论如何不会像学外国语那样难。但是，由于中国的历史长，古人距离我们远了，我们学习古代汉语还是有一定困难的。一般说来，越古就越难。要克服学习上的困难，就应该讲究学习的方法。

第一，是读什么的问题。中国的古书，一向被称为"浩如烟海"，是一辈子也读不完的。我们学习古代汉语，必须有所选择。我们应该选读思想健康而又对后代文言文有重大影响的文章。上古汉语是文言文的源头，所以我们应该多读一些汉代以前的文章，当然中古和近代的也要占一定的比重。

整部的书不能全读，可以选择其中的精华来读。

初学古代汉语，应该利用现代人的选本。首先应该熟读中学语文课本中的文言文和文言诗。这是经过慎重选择的，思想健康，其中大部分正是对后代文言文有重大影响的文章。其次，如果行有余力，还可以选读《古代散文选》（人民教育出版社出版）和《古代汉语》（中华书局出版）。这两部书分量太重，最好请老师代为挑选一些，不必全读。

初学古代汉语不应该贪多：先不忙看《诗经选》《史记选》等，更不必全部阅读《论语》《孟子》等。贪多嚼不烂，这是我们应该引以为戒的。

第二，是怎样读的问题。最要紧的是先把文章看懂了。不是浮光掠影的读，不是模模糊糊的懂，而是真懂。一个字也不能放过，决不能不求甚解。这样，就应该仔细看注解，勤查工具书。

中学语文课本、《古代散文选》《古代汉语》等书都有详细的注解。仔细看注解，一般就能理解文章的内容。有时候，每一句话都看懂了，就是前后连不起来，那就要请教老师。读文章要顺着次序读，有些词语在前面文章的注解中解释过了，到后面就不再重复了。

所谓工具书，这里指的是字典和辞书。字典是解释文字的意义的，如《新华字典》；辞书不但解释文字的意义，还解释成语等，如《辞源》《辞海》。《辞源》《辞海》是用文言解释的，对初学来说，也许嫌深了些。《新华字典》虽然是为学习现代汉语编写的，但是对学习古代汉语也很有帮助，因为其中也收了许多比较"文"的词义（如"汤"字当"热水"讲），并且收了许多比较"文"的词（如"夙 sù，就是"早"）。

有了注解，为什么还要查字典呢？因为做注解的人不一定知道读者的困难在什么地方：有时候读者很容易懂的地方有了注解，读者感到难懂的地方反而没有注解。查字典是为了补充注解不足之处。学习古代汉语的人必须学会查字典，并且养成经常查字典的习惯。

在学习的过程中，可以试着翻译一两篇文章作为练习。但是初学的时候不要找现成的白话译文来看，那样做是没有好处的。正如外语课本不把课本翻译出来一样，中学语文课本也没有把文言译成白话文。假如译成白话文，就会养成读者的依赖性，不深入钻研原文，以了解大意为满足，这样就影响学习的效果。

学习古代汉语的人，常常是学一篇懂一篇，拿起另一篇来仍旧不懂。所以须要学习关于古代汉语的一般知识，以便更好地提高阅读古书的能力。关于古代汉语的一般知识，大致可以分为三个方面：第一是关于文字的知识，第二是关于词汇的知识，第三是关于语法的知识。掌握了这三方面的知识，就能比较容易地阅读一般文言文。现在大略地讲讲这三方面的知识。掌握了这些浅近的知识以后，可以为阅读一般文言文打下良好的基础，以后要提高就容易了。

第二章　古代汉语的文字

古代汉语是用文字记载下来的，所以学习古代汉语就先得识字。这些字虽然跟现代汉语的字基本上一样，但是意思不完全一样，写法也不完全一样，所以须要讲一讲。这里分为四个问题来讲：字形和字义的关系；繁体字；异体字；古字通假。

第一节　字形和字义的关系

字形是字的形体，字义是字的意义。汉字有这样一个特点，就是字形在一定程度上表示字义。字的最初的一种意义叫作本义，字的其他意义一般是由本义生出来的，叫作引申义。本义和字形是有关系的，懂得这个道理，有助于了解古代汉语的字义。现在举些例子加以说明。

"涉"的本义是趟着水过河，所以左边是"水"（"氵"就是水）。古文字的"涉"更加形象，写作 ，画的是前后两只脚，中间一道河。后来左边写成三点水，右边写成"步"字，其实"步"字上半代表一只脚（即止字），下半代表另一只脚（即反写的止字， ，不是"少"）。苏轼《日喻》"七岁而能涉"，其中"涉"字是用的本义。《吕氏春秋·刻舟求剑》"楚人有涉江者"①，其中"涉"字用的是引申义，那不是趟着水过河，而是乘舟过河。后来又引申为牵涉、涉猎。

操持　这类字叫作形声字，左边是形符（又叫意符），表示意义范畴；右边是声符，表示读音（形符也可以在右边、上面、下面；声符也可以在左边、上面、下面）。"操、持"都是拿的意思，所以以手（扌）为形符。"操"从

---

① 引文为课本常选者，篇名多从课本，下同。

喿声（"喿"即"噪"字），"持"从寺声。《韩非子·郑人买履》："而忘操之。"蒲松龄《狼》："弛担持刀。"这两个字也有细微的分别："操"又指紧握，引申为操守、节操；"持"泛指拿。

坠 "坠（墜）"本作"隊"，从阜（阝），㒸声（"㒸"即"遂"字）。阜是高大的山，从高山掉下来叫做"隊"，引申为泛指坠落。《荀子·天论》："星隊木鸣，国人皆恐。"后来加土作"墜（坠）"，以区别于队伍的"隊（队）"。《吕氏春秋·刻舟求剑》："其剑自舟中坠于水。"

契锲 "契"是刻的意思，《吕氏春秋·刻舟求剑》："遽契其舟。"据《说文》，契刻的"契"写作"栔"，从木，㓞声（"㓞"音锲）。其所以从木，因为木是刻的对象。字又作"锲"，《荀子·劝学》："锲而舍之，朽木不折；锲而不舍，金石可镂。""锲"从金，契声。其所以从金，因为金是刻的工具（刻刀是金属做的）。

载 "载"从车，𢦓声（"𢦓"音哉），本义是车载，《史记·孙膑》："窃载与之齐。"引申则船载也叫"载"，柳宗元《黔之驴》："有好事者船载以入。"

窥 "窥"从穴，规声。"穴"是窟窿，从窟窿里看，叫作"窥"，如"管中窥豹"。引申为偷看，柳宗元《黔之驴》："蔽林间窥之。"

骇 "骇"从马，亥声，本义是马惊，《汉书·枚乘传》："马方骇，鼓而惊之。"引申为泛指害怕，柳宗元《黔之驴》："虎大骇。"

鸣 "鸣"从鸟从口。这类字叫作会意字。会意字没有声符，而有两个或三个形符。鸟口出声叫作"鸣"，《诗经·郑风·风雨》："风雨如晦，鸡鸣不已。"引申为泛指禽兽昆虫的叫，柳宗元《黔之驴》："他日，驴一鸣。"

顾 "顾（顧）"从页，雇声。"雇"音户。"页"不是书页的"页"，而是音颉（xié）。"页"是头的意思。"顾"是回头看，所以从页，蒲松龄《狼》："顾野有麦场。"

薪 "薪"从艸（艹），新声。"薪"的本义是草柴，蒲松龄《狼》："场主积薪其中，苫蔽成丘。"也指木柴，《诗经·齐风·南山》："析薪如之何？匪斧不克。"

弛 "弛"从弓，也声，本义是把弓弦放松，《左传·襄公十八年》："乃弛弓而自后缚之。"引申为泛指放松，蒲松龄《狼》："弛担持刀。"

尻尾 "尻"从尸，九声，是形声字。"尾"从尸，从毛，是会意字。

尸，金文作 ^尸 ，侧看像人卧之形。从尸的字，表示人体的部分。"尻"是屁股，"尾"是尾巴。据《说文》说，古人和西南夷人喜欢用毛作尾形以为装饰，所以"尾"字从毛。蒲松龄《狼》："身已半入，止露尻尾。"

贱 "贱"从贝，戋声。"贱"的本义是价格低，所以左边是"贝"（上古时代，贝壳被用为货币）。白居易《卖炭翁》"心忧炭贱愿天寒"，其中"贱"字是用的本义。引申为地位低。

驾 "驾"从马，加声。"驾"的本义是把车轭放在马身上（驾车就是赶车），所以下边是"马"。白居易《卖炭翁》"晓驾炭车辗冰辙"，其中"驾"字是用的本义。引申为驾驭。

险 "险（險）"从阜，佥声。"险"的本义是险阻，所以其字从阜，阜就是山。《列子·愚公移山》："吾与汝毕力平险。"

第二节　繁体字

汉字简化，是中国文化史上的一件大事。由繁体变为简体，易写易认，人们在学习上方便多了。但是古书是用繁体字写的，我们目前还不能把所有的古书都改成简体字。我们学习古代汉语，最好认识繁体字，因为将来读到古书原本时，总会接触到繁体字的。

并不是每一个字都有繁、简二体，例如"人、手、足、刀、尺"等字，从古以来笔画简单，不需要再造简体。有些字，笔画虽不简单（例如鞭子的"鞭"），到目前为止，也还没有简化。但是，有许多字已经简化了。

汉字简化，最值得注意的是同音代替的情况：读音相同的两个字或三个字，简化以后合并为一个字了。这又分为两种情况：第一种情况是原来两个（或三个）繁体字都废除了，合并为一个简体字。这里举几个例子：

發：髮 一律简化为"发"。古代"發""髮"不通用，发出、发生的"发"写作"發"，头发的"发"写作"髮"，例如：

1. 齐军万弩俱發。① （《史记·孙膑》）
2. 夫因兵死守蓬茅，麻苎衣衫鬓髮焦。（杜荀鹤《时世行》）

---

① 本书所引例句，为阅读方便，一般以句号结句，有的与原文标点不尽相同。

獲：穫　一律简化为"获"。古代"獲""穫"一般不通用，获得的"获"写作"獲"，收获的"获"写作"穫"，例如：

1. 獲楚魏之师，举地千里。(李斯《谏逐客书》)
2. 春耕，夏耘，秋穫，冬藏。(晁错《论贵粟疏》)

復：複　一律简化为"复"①。古代"復""複"不通用："復"是现代"再"的意思，又解作恢复；"複"是重复，例如：

1. 居十日，扁鹊復见。(《韩非子·扁鹊见蔡桓公》)
2. 则吾斯役之不幸，未若復吾赋不幸之甚也。（柳宗元《捕蛇者说》）
3. 每字有二十余印，以备一板内有重複者。(沈括《活板》)
4. 複道行空，不霁何虹？(杜牧《阿房宫赋》)

第二种情况是原来两个（或三个）字保存笔画简单的一个，使它兼代笔画复杂的一个（或两个）。这里举几个例子：

餘：余　一律写作"余"。古代"餘""余"不通用，剩余的"余"写作"餘"，当"我"讲的"余"写作"余"，例如：

1. 其餘，则熙熙而乐。(柳宗元《捕蛇者说》)
2. 后百餘岁有孙膑。(《史记·孙膑列传》)
3. 余闻而愈悲。(柳宗元《捕蛇者说》)

雲：云　一律写作"云"。古代"雲""云"不通用②，云雨的"云"写作"雲"，当说话讲或当语气词用的"云"写作"云"，例如：

---

① 旧字典也有"复"字，但是一般古书不用。
② "云"虽是"雲"的本字，但是在古书中"云"和"雲"显然是有分别的。

1. 旌蔽日兮敌若雲。(《楚辞·国殇》)
2. 雲霏霏而承宇。(《（楚辞·涉江》)
3. 后世所传高僧，犹云锡飞杯渡。(黄淳耀《李龙眠画罗汉记》)
4. 尝贻余核舟一，盖大苏泛赤壁云。(魏学洢《核舟记》)

後：后 一律写作"后"。古代"後""后"一般不通用。"後"是前后、先后的"后"，"后"是后妃的"后"。前后、先后的"后"有时候写作"后"（罕见）；后妃的"后"决不能写作"後"，例如：

1. 今虽死乎此，比吾乡邻之死则已後矣。(柳宗元《捕蛇者说》)
2. 媪之送燕后也，持其踵为之泣。(《战国策·触詟说赵太后》)

徵：征 一律写作"征"。古代"徵""征"一般不通用，征求、征召、征验、征税的"征"写作"徵"，征伐、征途、征徭的"征"写作"征"。征税的"征"写作"徵"，有时候也写作"征"，但是征伐的"征"决不写作"徵"，征求、征召、征验的"征"一定写作"徵"，决不写作"征"，例如：

1. 尔贡苞茅不入，……寡人是徵。(《左传·僖公四年》)
2. 昭王南征而不复，寡人是问。(同上)
3. 桑柘废来犹纳税，田园荒后尚徵苗。(杜荀鹤《时世行》)
4. 任是深山更深处，也应无计避征徭。(同上)
5. 京师学者咸怪其无徵。(《后汉书·张衡传》)

乾：幹：干 一律写作"干"（不包括乾坤的"乾"）。"乾"和"干"同音，"幹"和"干"同音不同调（"幹"去声，"干"阴平声）。古代"乾""幹""干"不通用。"乾"是乾燥的"乾"，"幹"是树幹、躯幹的"幹"（这个意义又写作"榦"）和才幹的"幹"，"干"是盾牌（"干戈"二字常常连用），例如：

1. 凡稻，旬日失水即愁旱乾。(宋应星《稻》)
2. 柏虽大幹如臂，无不平贴石上。(徐宏祖《游黄山记》)

3. 田园寥落干戈后，骨肉流离道路中①。（白居易《望月有感》②）。

以上所述一个简体字兼代古代两个字的情况是值得特别注意的。但是大多数的情况是一个简体字替换一个繁体字，如"书"替换了"書"、"选"替换了"選"、"听"替换了"聽"，等等，只要随时留心，繁体字是可以逐渐熟悉的。

第三节　异体字

所谓异体字，是一个字有两种以上的写法，例如"线"字在古书中，既可以写作"綫"，又可以写作"線"。"于"字在古书中，既可以写作"于"，又可以写作"於"③。在今天，汉字简化以后，异体字也只保留一个了，如用"綫"（简作"线"）不用"線"，用"于"不用"於"。但是我们阅读古书，还是应该认识异体字。

废除异体字，大致有两个标准：第一个标准是保留笔画较少的字，第二个标准是保留比较常见的字。这两个标准有时候发生矛盾，例如"于"字比"於"字笔画少，但是"於"字比"于"字常见。依照简化的原则，决定采用了"于"字。又如"無"字比"无"字常见，"傑"字比"杰"字常见，"淚"字比"泪"字常见④，"无、杰、泪"笔画较少，被保留下来，而"無、傑、淚"就废除了。

有时候，某些异体字不但笔画多，而且很少用，当然就废除了，例如：

德：悳　匆：悤　奔：犇　粗：觕麤　梁：樑

这里不可能把所有的异体字都开列出来。只是举出一些例子，使大家注意这种现象。我们读古书的时候遇见异体字，一查字典就解决了。

---

①　大意是说：战争之后，田园荒芜了，兄弟们在道路上流浪着。
②　这首诗的全名是《自河南经乱关内阻饥兄弟离散各在一处因望月有感聊书所怀寄上浮梁大兄於潜七兄乌江十五兄兼示符离及下邽弟妹》。
③　严格地说，"于"和"於"是略有分别的，这里从一般的看法。
④　"泪"字一般只出现在小说里。

第四节　古字通假

通是通用，假是借用（"假"就是借的意思）。所谓古字通假，就是两个字通用，或者这个字借用为那个字的意思。古字通假常常是两个字读音相同或相近，其中一个算是"本字"，另一个算是"假借字"，例如"蚤"的本义是跳蚤，但是在《诗经》里借用为"早"（《豳风·七月》"四之日其蚤，献羔祭韭"），在早晨的意义上，"早"是本字，"蚤"是假借字。这种假借字，在上古的书籍里特别多，例如：

1. 秦伯说，与郑人盟。（《左传·僖公三十年》）

"说"假借为"悦"。

2. 先生不羞，乃有意欲为收责于薛乎？（《战国策·齐策》）

"责"假借为"债"

3. 距关，毋内诸侯。（《史记·项羽本纪》）

"距"假借为"拒"，"内"假借为"纳"。

4. 愿伯具言臣之不敢倍德也。（同上）

"倍"假借为"背"。

古字通假的问题是很复杂的，现在先讲一个大概，以后还可以进一步研究。

第三章　古代汉语的词汇

　　词汇是一种语言里全部的词；在汉语里，一个一个的词合起来构成汉语的词汇。我们学习古代汉语，词汇占着极其重要的地位。如果掌握了古代汉语词汇，就可以算是基本上掌握了古代汉语，因为古今语法的差别不大，古今语音的差别虽大，但是不懂古音也可以读懂古书。唯有古代汉语的词汇，同现代汉语的词汇差别相当大，非彻底了解不可。下面分为四个问题来谈：古今词义的差别；读音和词义的关系；用典；礼貌的称呼。

第一节　古今词义的差别

　　古代的词义，有些是直到今天没有变化的，例如"人、手、大、小、飞"等。有些则是起了变化的，虽然变化不大，毕竟古今不同，如果依照现代语来理解，那就陷于错误。我们读古代汉语，不怕陌生的字，而怕熟字。对于陌生的字，我们可以查字典来解决；至于熟字，我们就容易忽略过去，似懂非懂，容易弄错。现在举些例子来说明古今词义的不同。

　　兵　今天的"兵"指人，上古的"兵"一般指武器，《楚辞·国殇》："车错毂兮短兵接。"后代也沿用这个意义，如"短兵相接"，但是也像现代一样可以指人了。

　　盗　今天的"盗"指强盗，上古的"盗"指偷（今天还有"盗窃"词），《荀子·修身》："窃货曰盗。"后代也像现代一样可以指强盗了，如"俘囚为盗耳"（司马光《李愬雪夜入蔡州》）。

　　走　今天的"走"指行路，古代的"走"指跑，如"扁鹊望桓侯而还走"（《韩非子·扁鹊见蔡桓公》）。注意：即使到了后代，"走"字有时也只指跑，不指行路，如"走马看花"。现在广东人说"走"也还是跑的意思。

去 古人所谓"去"，指的是离开某一个地方或某人，如《诗经·魏风·硕鼠》："逝将去女，适彼乐土。""去女"应该了解为"离开你"。又如范仲淹《岳阳楼记》："则有去国怀乡，忧谗畏讥。""去国"应该了解为"离开国都"。又如《史记·孙膑》："魏将庞涓闻之，去韩而归。"古书上常说"去晋、去齐"，应该了解为"离开晋国、离开齐国"，而不是"到晋国去、到齐国去"（意思正相反）。这是特别值得注意的。

把 古人所谓"把"，指的是握住或拿着，如"手把文书口称敕"（白居易《卖炭翁》）。今天我们仅在说"把住舵、紧紧把住冲锋枪"一类情况下，还保存着古代这种意义。

江 古人所谓"江"，专指长江，如"楚人有涉江者"（《吕氏春秋·刻舟求剑》）。

河 古人所谓"河"，专指黄河，如"为治斋宫河上"（《史记·西门豹治邺》）。"江、河"二字连用时，指长江和黄河，如"假舟楫者，非能水也，而绝江河"（《荀子·劝学》）。

无虑 古代有副词"无虑"，不是无忧无虑的意思，而是总有、约有（指数量）的意思，如"所击杀者无虑百十人"（徐珂《冯婉贞》）。

再 上古"再"字只表示两次，超过两次就不能说"再"，如"五年再会"，意思是五年之间集会两次（不是五年之后再集会一次）；又如"再战再胜"，意思是打两次仗，一连两次获胜（不是再打一次仗，再胜一次）。《史记·孙膑》："田忌一不胜而再胜。"是说田忌赛马三场，输了一场，赢了两场。唐宋以后，"再"字也有像现代语一样讲的，如"用讫再火，令药熔"（沈括《活板》）。

但 古代"但"不当"但是"讲，而只当"只"讲，如"不闻爷娘唤女声，但闻黄河流水鸣溅溅"（《木兰诗》）。又如"见其发矢十中八九，但微颔之"（欧阳修《卖油翁》）。又如"无他，但手熟尔"（同上）。蒲松龄《促织》："但欲求死。"这是没有例外的。如果我们在古书中看见"但"字时解释为"但是"，那就错了。

因 今天"因"字解释为因为，古代"因"字解释为于是，意义大不相同，值得注意。《史记·孙膑》："齐因乘胜尽破其军。"应解释为"齐人于是乘胜大破庞涓的军"。《廉颇蔺相如列传》："相如因持璧却立倚柱。"应解释为"蔺相如于是持璧，却立倚柱"。柳宗元《黔之驴》："虎因喜。"应解释为

"于是老虎高兴了"。如果把这些"因"字解作"因为",那就大错。欧阳修《卖油翁》的"因曰",也应该解释为"于是他说"或"接着就说",而不是解释为"因为他说"。这是沿用上古的意义。但是唐宋以后,有时候"因"字也当"因为"讲,如"夫因兵死守蓬茅"(杜荀鹤《时世行》)。那又须要区别看待了。

亡 "亡"的本义是逃亡,本写作凵,从入,从乚("乚"即"隐"字),会意。这是说,逃亡的人走进隐蔽的地方。上古时代,"亡"不当死讲,《史记·陈涉世家》:"今亡亦死,举大计亦死。"《廉颇蔺相如列传》:"臣尝有罪,窃计欲亡走燕。"又:"从径道亡,归璧于赵。"

好 "好"的本义是女子貌美,所以"好"字从女子,会意,《史记·西门豹治邺》:"巫行视小家女好者,云是当为河伯妇。"又:"是女子不好。"《战国策·赵策》:"鬼侯有子而好,故入之于纣。""子"这里指女儿。古诗《陌上桑》:"秦氏有好女,自名为罗敷。"

以上所讲,是把古代汉语译成现代汉语来讲的。我们也可以反过来做,假定现代汉语里有某一个词,译成古代汉语,应该是什么词呢?那也是很有趣的。让我们举出一些例子来看。

找 上古不说"找",而说"求",《吕氏春秋·刻舟求剑》:"舟止,从其所契者入水求之。"《史记·廉颇蔺相如列传》:"求人可使报秦者。"《西门豹治邺》:"求三老而问之。"

放 安放的"放",古人不说"放",而说"置",如《韩非子·郑人买履》:"先自度其足,而置之其坐。"

放下 把本来拿着或挑着的东西放下来,古人叫"释",如"有卖油翁释担而立睨之"(欧阳修《卖油翁》)。

换 古人不说"换",而说"易",如"秦王以十五城请易寡人之璧"(《史记·廉颇蔺相如列传》)。

拉 古人不说"拉",而说"曳",如"又夹百千求救声,曳屋许许声"(林嗣环《口技》)。

睡着 古人叫"寐",如"守门卒方熟寐"(司马光《李愬雪夜入蔡州》)。

醒 在上古汉语里,睡醒叫"觉"(又叫"寤"),酒醒叫"醒","觉"和"醒"本来是有分别的。古书中所谓"睡觉",也就是睡醒,不是现代语的"睡觉",如"妇人惊觉欠伸"(林嗣环《口技》),其中的"觉"字沿用了上古的意义。《口技》同时用"醒"字（"丈夫亦醒""又一大儿醒"），那是古今词义杂用的例子。

正在 古代汉语说"方"，如"守门卒方熟寐"（司马光《李愬雪夜入蔡州》）。

有人 古代在不肯定是谁的时候，用一个"或"字，等于现代语的"有人"，如"或告元济曰"（司马光《李愬雪夜入蔡州》）。又如苏轼《石钟山记》："或曰：'此鹳鹤也。'"

过了一会儿 古代汉语最常见的说法是"既而"（又说"已而"），如"既而儿醒，大啼"（林嗣环《口技》）。又如"既而渐近，则玉城雪岭际天而来"（周密《观潮》）。

差点儿 古代汉语说"几"，如"几欲先走"（林嗣环《口技》）。

一点儿也不 古代汉语说"略不"，如"人物略不相睹"（周密《观潮》）。又如"而旗尾略不沾湿"（同上）。

本来 古代汉语说"固"，如"我固知齐军怯"（《史记·孙膑》）。

但是 古人说"然"，如"人人自以为必死，然畏愬，莫敢违"（司马光《李愬雪夜入蔡州》）。

罢了 古人说"耳"（"尔"）或"而已"，如"俘虏为盗耳"（司马光《李愬雪夜入蔡州》）。又如"无他，但手熟尔"（欧阳修《卖油翁》）。又如"一桌、一椅、一扇、一抚尺而已"（林嗣环《口技》）。

由此看来，古今词义的差别是很大的，我们不能粗心大意。如果我们把古书中的"走"看作今天普通话的"走"，把古书中的"睡觉"看作现代语的"睡觉"，等等，那就误解了古书。这是初学古代汉语的人应该注意的一件事。

第二节　读音和词义的关系

一个字往往有几种意义。有时候，意义不同，读音也跟着不同。在现代汉语里，已经有这种情况；在古代汉语里，这种情况更多些。下面举出一些例子来看①：

––––––––––––––––––

① 其中比较常见的一种读音和意义就不讲了，因为大家都知道了。

长　长幼、首长的"长"应读 zhǎng，如"长幼有序"（《荀子·君子》）。又如"推为长"（徐珂《冯婉贞》）。

少　年轻的意义应读 shào，如"丈夫亦爱怜其少子乎"（《战国策·触詟说赵太后》）。

中　射中、击中的"中"应读 zhòng，如"见其发矢十中八九"（欧阳修《卖油翁》）。

间　用作动词，表示夹在中间或夹杂着的意义时，应读 jiàn，如"中间力拉崩倒之声，火爆声，呼呼风声，百千齐作"（林嗣环《口技》）。

横　用作横暴、横逆的意义时，读 hèng，如"义兴人谓为三横"（刘义庆《世说新语·周处》）。

奇　用来表示零数的意义时，读 jī，如"舟首尾长约八分有奇"（魏学洢《核舟记》）。

好　表示喜欢的意义时读 hào，如"医之好治不病以为功"（《韩非子·扁鹊见蔡桓公》）。"好为《梁父吟》"（《三国志·隆中对》）。又如"好古文"（韩愈《师说》）。"有好事者船载以入"（《柳宗元《黔之驴》）。

属　古书中"属"字往往有"嘱"的意思，也就读 zhǔ，如"属予作文以记之"（范仲淹《岳阳楼记》）。

汗　可汗的汗读 hán，如"昨夜见军帖，可汗大点兵"（《木兰诗》）。

骑　用作名词时旧读 jì，当"骑兵"或"骑马的人"讲，如"翩翩两骑来是谁"（白居易《卖炭翁》）。

咽　用来表示低微的哭声时读 yè，如"夜久语声绝，如闻泣幽咽"（杜甫《石壕吏》）。用来表示咽喉时读 yān。

亡　用作"无"字时读 wú，如"河曲智叟亡以应"（《列子·愚公移山》）。

度　解作测量时读 duó，如"先自度其足"（《韩非子·郑人买履》）。又如"度简子之去远"（马中锡《中山狼传》）。

说　解作游说时读 shuì，如"说齐使"（《史记·孙膑》）。解作喜悦时读 yuè，同"悦"（见上文）。

数　解作屡次时，读 shuò，如"扶苏以数谏故，上使外将兵"（《史记·陈涉世家》）。又如"几死者数矣"（柳宗元《捕蛇者说》）。

号　用作动词，解作叫喊或大声哭的意义时，读 háo，如"谁之永号"

（《诗经·魏风·硕鼠》）。又如"阴风怒号"（范仲淹《岳阳楼记》）。

旋　用作副词时读 xuàn，如"旋斫生柴带叶烧"（杜荀鹤《时世行》）。又如"旋见一白酋督印度卒约百人"（徐珂《冯婉贞》）。

将　用作名词时读 jiàng，如"王侯将相宁有种乎"（《史记·陈涉世家》）。又如"于是乃以田忌为将"（《史记·孙膑》）。用作动词时，如果当率领讲，也读作 jiàng，如"自将三千人为中军"（司马光《李愬雪夜入蔡州》）。

几　解作差点儿的"几"字读 jī，如"几欲先走"（林嗣环《口技》）。又如"几死者数矣"（柳宗元《捕蛇者说》）。

予　当"我"讲的"予"读 yú，如"瞻予马首可也"　（徐珂《冯婉贞》）。当"给"讲的"予"读 yǔ。

由上所述，可见在大多数情况下，一字两读只是声调的差异，例如多少的"少"读 shǎo（上声），老少的"少"读 shào（去声）；中央的"中"读 zhōng（阴平），射中的"中"读 zhòng（去声）；横直的"横"读 héng（阳平），横暴的"横"读 hèng（去声）；等等。除了声调不同之外，声母、韵母完全相同。但也有少数情况是声母不同的，如长短的"长"读 cháng，长幼的"长"读 zhǎng。或者是韵母不同的，如制度的"度"读 dù，测度的"度"读 duó。或者是声母、韵母都不同的，如解说的"说"读 shuō，喜悦的"说"读 yuè（这些字在声调上有同有不同）。

有些字，同一个意义也可以两读，例如观看的"看"，既可以读阴平，也可以读去声。今天我们把"看"字读去声，但是读古典诗词的时候，为了格律的需要，有时候也还该读成阴平，如杜甫《春夜喜雨》："晓着红湿处，花重锦官城。"又如苏轼《题西林壁》："横看成岭侧成峰，远近高低各不同。"其中"看"字都该读 kān。毛主席《菩萨蛮》（大柏地）："装点此关山，今朝更好看。"其中"看"字也该读 kān。这和词义无关，但是和一字两读有关，所以附带讲一讲。

第三节　用典

用典，就是运用古书中的话（典故）。作者常常不明说是用典，但是读者如果古书读多了，就懂得他是用典。有时候，我们必须懂得那个典故，然后才能了解句子的意思。现在举出一些例子，并加以说明：

　　并驱　《诗经·齐风·还》："并驱从两狼兮。"蒲松龄《狼》："骨已尽矣，而两狼之并驱如故。"按：《诗经》原意是两人并驱，追赶两狼。蒲松龄活用这个典故，说成"两狼并驱"。

　　马首是瞻　《左传·襄公十四年》："荀偃令曰：'鸡鸣而驾，塞井夷灶，唯余马首是瞻。'"意思是说，你们看着我的马头的方向，跟着我去战斗。徐珂《冯婉贞》："诸君而有意，瞻予马首可也。"按：这也是活用典故，那时冯婉贞并没有骑马。

　　修门　《楚辞·招魂》："魂兮归来，入修门些。"修门，指楚国首都郢的城门。文天祥《指南录后序》："时北兵已迫修门外。"这里文天祥指的是南宋临时首都临安的城门。

　　下逐客令　李斯《谏逐客书》："臣闻吏议逐客，窃以为过矣。"《史记·李斯列传》："秦王乃除逐客之令，复李斯官。"文天祥《指南录后序》："留二日，维扬帅下逐客之令。"这里文天祥活用秦始皇下逐客令的故事，指维扬帅李庭芝不能相容，下令要杀他。

　　号呼靡及　《诗经·大雅·荡》："式号式呼。"《小雅·皇皇者华》："駪駪征夫，每怀靡及。"文天祥《指南录后序》："天高地迥，号呼靡及。"

　　乌号肃慎　《淮南子·原道》："射者扞乌号之弓。"《国语·鲁语》："武王克商，通道于九夷八蛮，于是肃慎氏贡楛矢石砮。"马中锡《中山狼传》："授乌号之弓，挟肃慎之矢。"

　　处囊脱颖　《史记·平原君列传》："毛遂曰：'臣乃今日请处囊中耳。使遂蚤得处囊中，乃颖脱而出，非特其末见而已。'"马中锡《中山狼传》："今日之事，何不使我得早处囊中，以苟延残喘乎？异时倘得脱颖而出，先生之恩，生死而肉骨也。"按：这里马中锡活用毛遂自荐的故事。"使我得早处囊中"指东郭先生让狼躲进口袋里，"脱颖而出"指赵简子走后，狼从口袋里出来。

　　生死肉骨　《左传·襄公二十二年》："吾见申叔夫子，所谓生死而肉骨也。"注："已死复生，白骨更肉。"马中锡《中山狼传》用了这个典故，见上条。

　　跋胡疐尾　《诗经·豳风·狼跋》："狼跋其胡，载疐其尾。"马中锡《中山狼传》："前虞跋胡，后恐疐尾。"

　　猬缩蠖屈　蛇盘龟息　皮日休《吴中苦雨》："如何乡里辈，见之乃猬缩!"《周易·系辞下》)："尺蠖之屈，以求信（伸）也。"《后汉书·安帝纪》："又有蛇盘于床第之间。"《抱朴子》："粮尽，见冢角一物，伸颈吞气。试效之，辄不复饥。乃大龟尔。"马中锡《中山狼传》："猬缩蠖屈，蛇盘龟息。"

多歧亡羊　《列子·说符》："杨子之邻人亡羊，既率其党，又请杨子之竖追之。杨子曰：'嘻！亡一羊，何追者之众？'邻人曰：'多歧路。'既反，问：'获羊乎？'曰：'亡之矣。'曰：'奚亡之？'曰：'歧路之中又有歧焉，吾不知所之，所以反也。'心都子曰："大道以多歧亡羊，学者以多方丧生。'"马中锡《中山狼传》："然尝闻之，大道以多歧亡羊。"按：这是引用《列子》原文，所以说"尝闻之"。

守株缘木　《韩非子·五蠹》："宋人有耕者。田中有株，兔走触株，折颈而死。因释其耒而守株，冀复得兔。兔不可复得，而身为宋国笑。"《孟子·梁惠王上》："以若所为，求若所欲，犹缘木而求鱼也。"马中锡《中山狼传》："乃区区循大道以求之，不几于守株缘木乎？"按：这是"守株待兔、缘木求鱼"两个成语的结合。

古书用典的地方很不少。在中学语文课本里，为了照顾中学水平，不选典故太多的文章。将来如果接触古书，还会遇见许多典故。应该体会到：大多数典故都是活用的，如果死抠字眼，那就讲不通了。

第四节　礼貌的称呼

在现代汉语里，人称代词"您"（nín）是一种礼貌的称呼。在古代汉语里，由于封建社会等级制度的关系，礼貌的称呼规定得很严，而且比现代汉语里的礼貌称呼多得多。第一人称用谦称，第二人称和第三人称用敬称。现在分别加以叙述：

（1）**第一人称**　第一人称就是说话人自称。在古代汉语里，第一人称代词有"吾、我、余、予"等。但是，说话人对于尊辈或平辈常常用谦称。

对君自称为"臣"，如"今在骨髓，臣是以无请也"（《韩非子·扁鹊见蔡桓公》）。在上古时代，对尊辈或平辈，也可以自称为"臣"，如"君弟重射，臣能令君胜"（《史记·孙膑》）。汉代以后，也自称为"鄙人"，如"鄙人不慧，将有志于世"（马中锡《中山狼传》）。

对尊辈或平辈自称其名，如"夫以秦王之威，而相如廷叱之"（《史记·廉颇蔺相如列传》）。有时候，写作"某"，其实也是自称其名，如"某启"（王安石《答司马谏议书》）。正式写信，实际上还是写本名的，只是在起草的时候，为了省事，可以用"某"代本名。因此，王安石《答司马谏议书》中的"某启"、实际上就是"安石启"。下文还有四个"某"，都是"安石"的意思。

君对臣，自称"寡人"。这是春秋战国时代的称呼，如"寡人无疾"（《韩非子·扁鹊见蔡桓公》）。又自称"孤"。这是战国以后的称呼，如"孤不度德量力"（《三国志·隆中对》）。

（2）**第二人称** 第二人称就是说话人称呼对话人。在古代汉语里，第二人称代词有"汝、尔"。但是，在表示尊敬或客气的时候，第二人称常常改用敬称。

臣对君，称"君"（春秋时代），称"王"或"大王"（战国时代及后代），如"君有疾在腠理"（《韩非子·扁鹊见蔡桓公》）。又如"五步之内，相如请得以颈血溅大王矣"（《史记·廉颇蔺相如列传》）。又称皇帝为"陛下"，如《史记·淮阴侯列传》"陛下不能将兵，而善将将"（您不会统率士兵，但是您很会统率将军）。

对一般人表示客气，称"子"，如《诗经·郑风·褰裳》："子不我思，岂无他人？"也称"君"，如《三国志·隆中对》："君谓计将安出？"又称"足下"，如《史记·陈涉世家》："足下事皆成。"又称"公"，如《陈涉世家》："公等遇雨。"

对有爵位的人称他的爵位，如《三国志·隆中对》："将军身率益州之众出于秦川，百姓孰敢不箪食壶浆以迎将军者乎？"又如《史记·廉颇蔺相如列传》："鄙贱之人，不知将军宽之至此也。"

对长者，称"先生"，马中锡《中山狼传》："先生岂有志于济物哉？"

对朋友，称其字。古人有名有字，如司马光名光，字君实；王安石名安石，字介甫。尊辈对卑辈，可以直呼其名，如果对平辈，就该称其字，才算有礼貌，如王安石《答司马谏议书》："重念蒙君实视遇厚，于反覆不宜卤莽，故今具道所以，冀君实或见恕也。"

（3）**第三人称** 第三人称是说话人同对话人说起的另一个人或另一些人。在古代汉语里，第三人称代词是"其、之"等。第三人称也有敬称，这种做称一般就是那人的身份，如《史记·廉颇蔺相如列传》："公之视廉将军孰与秦王？"

　　以上所述，只是比较常见的谦称和敬称；此外还有许多谦称和敬称，这里不详细讲了。

第四章 古代汉语的语法

语法，指的是语言的结构方式。就汉语来说，主要是讲词与词的关系、虚词的用法、句子的结构。在本章里，我们着重讲古代语法与现代语法不同的地方。我们打算分七节来讲：词类、词性的变换；虚词；句子的构成，判断句；"倒装"句；句子的词组化；双宾语；省略。

第一节 词类、词性的变换

古代汉语的词类，跟现代汉语的词类大致相同：总共可以分成 11 类①，即名词、动词、形容词、数词、量词、代词、副词、介词、连词、助词、叹词。现在分别加以叙述：

1. **名词** 表示人或事物的名称的词，叫作名词，例如：

其剑自舟中坠于水。(《吕氏春秋·刻舟求剑》)
黔无驴，有好事者船载以入。(柳宗元《黔之驴》)
时大风雪，旌旗裂。(司马光《李愬雪夜入蔡州》)

2. **动词** 表示人或事物的动作、行为、发展变化的词，叫作动词，例如：

一屠晚归，担中肉尽。(蒲松龄《狼》)

---

① 关于词类，这里的说法和我主编的《古代汉语》略有不同，因为这里要与中学语文课本的说法取得一致。

　　木兰当户织。(《木兰诗》)

　　谍报敌骑至。(徐珂《冯婉贞》)

　　在现代汉语里，动词下面还有三个附类：a. 判断词，即"是"字；b. 能愿动词，即"能够、会、可以、应该、肯、敢"等；c, 趋向动词，即"走来"的"来"、"放下"的"下"、"跳下去"的"下去"等。判断词和趋向动词在古代汉语里都是少见的（参看下文第三节）。能愿动词则是常见的，例如：

　　以君之力，曾不能损魁父之丘。(《列子·愚公移山》)

　　郑人有欲买履者。(《韩非子·郑人买履》)

　　尔安敢轻吾射！(欧阳修《卖油翁》)

　　3. 形容词　表示人或事物的形状、性质的词，表示动作、行为、发展变化的状态的词，叫作形容词，例如：

　　寒暑易节。(《列子·愚公移山》)

　　肉食者鄙，未能远谋。(《左传·曹刿论战》)

　　将军身被坚执锐，伐无道，诛暴秦。(《史记·陈涉世家》)

　　4. 数词　表示数目的词叫作数词，例如：

　　而戍死者固十六七。(《史记·陈涉世家》)

　　一桌、一椅、一扇、一抚尺而已。(林嗣环《口技》)

　　策勋十二转，赏赐百千强。(《木兰诗》)

　　5. 量词　表示人或事物的单位的词，表示动作、行为的单位的词，叫做量词，例如：

　　距圆明园十里，有村曰谢庄。(徐珂《冯婉贞》)

　　欲穷千里目，更上一层楼。(王之涣《登鹳雀楼》)

军书十二卷，卷卷有爷名。(《木兰诗》)

孤帆一片日边来。(李白《望天门山》)

量词还可以细分为两种：一种是度量衡的单位和其他规定的单位，如"亩、卷"等；另一种是天然单位，如"匹、张"等。在现代汉语里，表示天然单位时，数词很少与名词直接组合，一般总有量词作为中介；在古代汉语里，表示天然单位时，数词经常与名词直接组合，不需要量词作为中介，例如"一桌、一椅、一扇、一抚尺"，并不说成"一张桌、一把椅、一把扇、一把抚尺"。

量词又可以分为名量词、动量词。名量词是"个、只、张、把"等。动量词是"次、趟、回、下"等。在古代汉语里，不但名量词是罕用的，动量词也是罕用的。夏禹治水，"三过其门而不入"，不说"过三次"，又如：

齐人三鼓。(《左传·曹刿论战》)

于是秦王不怿，为一击缶。(《史记·廉颇蔺相如列传》)

客莆田徐生为予三致其种。(徐光启《甘薯疏序》)

6. 代词 代替名词、动词、形容词或数量词的词，叫作代词，例如：

会长老，问之民所疾苦。(褚少孙《西门豹治邺》)

方欲行，转视积薪后，一狼洞其中，意将隧入以攻其后也。(蒲松龄《狼》)

余幼好此奇服兮。(《楚辞·涉江》)

余将告于莅事者，更若役，复若赋，则何如？(柳宗元《捕蛇者说》)

谁可使者？(《史记·廉颇蔺相如列传》)

吾终当有以活汝。(马中锡《中山狼传》)

7. 副词 有一类词，经常用在动词或形容词的前面，表示程度、范围、时间等等，这类词叫作副词，例如：

度已失期。(《史记·陈涉世家》)

陈胜、吴广乃谋曰。（同上）

尉果笞广。（同上）

皆指目陈胜。（同上）

吴广素爱人。（同上）

膑亦孙武之后世子孙也。孙膑尝与庞涓俱学兵法。庞涓既事魏，得为惠王将军。（《史记·孙膑》）

于是宾客无不变色离席，奋袖出臂，两股战战，几欲先走。（林嗣环《口技》）

8. **介词** 有一类词，同它后面的名词、代词等组合起来，经常用在动词、形容词的前面或后面，表示处所、方向、时间、对象等等，这类词叫作介词，例如：

何不试之以足？（《韩非子·郑人买履》）

生乎吾后，其闻道也，亦先乎吾。（韩愈《师说》）

叫嚣乎东西，隳突乎南北。（柳宗元《捕蛇者说》）

乃取一葫芦置于地。（欧阳修《卖油翁》）

9. **连词** 把两个词或两个比词大的单位连接起来的词，叫作连词，例如：

与王及诸公子逐射千金。（《史记·孙膑》）

既驰三辈毕，而田忌一不胜而再胜。（同上）

于其身也，则耻师焉。（韩愈《师说》）

居庙堂之高则忧其民；处江湖之远则忧其君。（范仲淹《岳阳楼记》）

10. **助词** 助词附着在一个词、一个词组或一个句子上，起辅助作用。在现代汉语里，助词可以分为三类：（1）结构助词，如"的"；（2）时态助词，如"着、了、过"；（3）语气助词，如"啊、吗、呢、吧"。古代汉语文言文里，时态助词非常罕见（上古汉语没有时态助词），常见的只有结构助词和语气助词，例如：

遂率子孙荷担者三夫。(《列子·愚公移山》)

自此，冀之南，汉之阴，无陇断焉。(同上)

诸将请所之。(司马光《李愬雪夜入蔡州》)

以上是结构助词。

虎见之，庞然大物也。(柳宗元《黔之驴》)

今虽死乎此，比吾乡邻之死则已后矣。(柳宗元《捕蛇者说》)

以上是语气助词。

11. 叹词 表示感叹或呼唤应答的声音的词，叫作叹词，例如：

嗟乎，燕雀安知鸿鹄之志哉！(《史记·陈涉世家》)

嘻，技亦灵怪矣哉！(魏学洢《核舟记》)

以上 11 类词可以合成两大类，即实词和虚词。能够单独用来回答问题、有比较实在的意义的词叫作实词；不能单独用来回答问题，也没有实在的意义，但是有帮助造句的作用的词叫作虚词。一般以名词、动词、形容词、数词、量词、代词为实词，副词、介词、连词、助词、叹词为虚词。但是代词所指人或事物是不固定的（"他"可以指张三，也可以指李四），在古代汉语里，许多代词都不能单独用来回答问题（如"其、之"），所以从前的语法学家把代词归入虚词一类。下节讲虚词时，我们也是把代词归入虚词的。

词入句子以后，性质可以改变，如名词变动词，形容词变动词等等。这叫作词性的变换。现在拣古代汉语里与现代汉语不同的三种词性变换提出来讲一讲：

（1）**名词变动词** 事物和行为发生某种关系，古人以事物的名称表示某种行为，于是名词变了动词，例如：

石之铿然有声者，所在皆是也，而此独以钟名，何哉？(苏轼《石钟山记》)

人有百口，口有百舌，不能名其一处也。(林嗣环《口技》)

虎不胜怒，蹄之。(柳宗元《黔之驴》)

皆指目陈胜。(《史记·陈涉世家》)

乃钻火烛之。(《史记·孙膑》)

假舟楫者，非能水也，而绝江河。(《荀子·劝学》)

孔子师郯子、苌弘、师襄、老聃。(韩愈《师说》)

齐威王欲将孙膑。(《史记·孙膑》)

公将鼓之。(《左传·曹刿论战》)

策蹇驴，囊图书。(马中锡《中山狼传》)

先生之恩，生死而肉骨也。(同上)

大喜，笼归。(蒲松龄《促织》)

(2) 形容词变动词 这又可以分为两种情况：第一种是使某物变成某种状况，叫作使动；第二种是把事物看成某种状况，叫作意动。使动的例子：

故人远我，欲以火器困我也。(徐珂《冯婉贞》)

远我，是使我距离远。

吾所以为此者，以先国家之急而后私仇也。(《史记·廉颇蔺相如列传》)

其必曰"先天下之忧而忧，后天下之乐而乐"乎。(范仲淹《岳阳楼记》)

乃出图书，空囊橐。(马中锡《中山狼传》)

空囊橐，使囊橐空。

专其利三世矣。(柳宗元《捕蛇者说》)

意动的例子：

贼易之。(柳宗元《童区寄传》)

易，以为容易对付。

刺史颜证奇之。(同上)

奇，以为奇特。

愬然之。(司马光《李愬雪夜入蔡州》)

然，以为对。

(3) **不及物动词变及物动词**　不及物动词是经常不带宾语的动词，及物动词是经常带宾语的动词。拿现代汉语说，"起来、下去"等是不及物动词，"拿、打"等是及物动词。在古代汉语里，不及物动词变及物动词也是一种使动，例如：

广故数言欲亡，忿恚尉。(《史记·陈涉世家》)

"忿恚尉"是使尉发脾气。

臣舍人相如止臣。(《史记·廉颇蔺相如列传》)

止臣，是叫我不要这样做。

然得而腊之以为饵，可以已大风、挛踠、瘘、疠，去死肌，杀三虫。(柳宗元《捕蛇者说》)

"已"是使止，"去"是使去。

君将哀而生之乎？(同上)

"生"是使活下去。

> 殚其地之出，竭其庐之入。（同上）

"殚、竭"都是使尽的意思。

> 先生之恩，生死而肉骨也。（马中锡《中山狼传》）

"生死"是使死者复生。

> 出图书，空囊橐。（同上）

"出"是使出，拿出来。

> 下首至尾。（同上）

"下"是放下。

> 又数刀，毙之。（蒲松龄《狼》）

"毙"是使毙，即杀死。

(4) 名词用如副词（用作状语） 副词是用作状语的。如果名词用作状语，也就用如副词，例如：

> 肉食者谋之。（《左传·曹刿论战》）
> 而相如廷叱之。（《史记·廉颇蔺相如列传》）
> 得佳者笼养之。（蒲松龄《促织》）
> 有狼当道，人立而啼。（马中锡（中山狼传》）
> 猬缩蠖屈，蛇盘龟息。（同上）

道中手自抄录。(文天祥《指南录后序》)

将军身被坚执锐。(《史记·陈涉世家》)

元济于城上请罪,进城梯而下之。(司马光《李愬雪夜入蔡州》)

以上所讲的词性的变换,是古代汉语的主要特点之一,是值得特别注意的。

第二节 虚词

虚词在汉语语法中起着很重要的作用。古代汉语的虚词和现代汉语的虚词有很大的差别。这里着重讲古代汉语的虚词。只拣重要的、古今差别较大的来讲。我们不打算按词类分开讲,因为有些词是兼属两三类的。我们按音序来分先后,只是为了查阅的便利罢了。我们打算讲 18 个虚词,它们是:

ér	fú	gài	hú	qí	shì
1. 而	2. 夫	3. 盖	4. 乎	5. 其	6. 是

suǒ	wèi	yān	yé	yě	yǐ
7. 所	8. 为	9. 焉	10. 耶	11. 也	12. 以

yǐ	yǔ	zāi	zé	zhě	zhī
13. 矣	14. 与	15. 哉	16. 则	17. 者	18. 之

1. 而

"而"是连词。它有三种主要的用法:

第一种用法等于现代的"而且",例如:

国险而民附。(《三国志·隆中对》)

号呼而转徙,饥渴而顿踣。(柳宗元《捕蛇者说》)

中峨冠而多髯者为东坡。(魏学洢《核舟记》)

但是,不是每一个"而"字都能译成现代的"而且";有些"而"字只能不译，它只表示前后两件事的密切关系，例如：

> 自吾氏三世居是乡，积于今六十岁矣，而乡邻之生日蹙。（柳宗元《捕蛇者说》）
>
> 惑而不从师，其为惑也，终不解矣。（韩愈《师说》）

第二种用法等于现代的"可是、但是"，例如：

> 此用武之国，而其主不能守。（《三国志·隆中对》）
> 舟已行矣，而剑不行。（《吕氏春秋·刻舟求剑》）
> 狼亦黠矣，而顷刻两毙。（蒲松龄《狼》）
> 西人长火器而短技击。（徐珂《冯婉贞》）
> 以枪上刺刀相搏击，而便捷猛鸷终弗逮。（同上）

第三种用法是把行为的方式或时间和行为联系起来。这种"而"字也不能译成现代汉语，例如：

> 哗然而骇者，虽鸡狗不得宁焉。（柳宗元《捕蛇者说》）
> 捷禽鸷兽应弦而倒者，不可胜数。（马中锡《中山狼传》）
> 狼失声而遁。（同上）

除了上述三种用法之外，还有一种比较特殊的用法，就是当"如果"讲，例如：

> 诸君无意则已，请君而有意，瞻予马首可也。（徐珂《冯婉贞》）

2. 夫

"夫"字有三种主要用法：

第一种"夫"字是助词，它用在句子开头，有引起议论的作用。有"我们须知、大家知道"的意味，例如：

夫解杂乱纷纠者不控卷，救斗者不搏撠。(《史记·孙膑》)

夫赵强而燕弱，而君幸于赵王，故燕王欲结于君。(《史记·廉颇蔺相如列传》)

夫寒之于衣，不待轻暖；饥之于食，不待甘旨。(晁错《论贵粟疏》)

夫六国与秦皆诸侯，其势弱于秦，而犹有可以不赂而胜之之势。苟以天下之大，而从六国破亡之故事，是又在六国下矣！(苏洵《六国论》)

夫羊，一童子可制之，如是其驯也，尚以多歧而亡；狼非羊比，而中山之歧可以亡羊者何限？(马中锡《中山狼传》)

第二种"夫"字是代词(指示代词)，略等于现代的"这个，那个、那些"等，但是语意较轻，例如：

且鄙人虽愚，独不知夫狼乎？(马中锡《中山狼传》)

故为之说，似俟夫观人风者得焉。(柳宗元《捕蛇者说》)

予观夫巴陵胜状，在洞庭一湖。(范仲淹《岳阳楼记》)

第三种"夫"字是语气助词，表示感叹语气，例如：

嗟夫！予尝求古仁人之心，或异二者之为，何哉？(范仲淹《岳阳楼记》)

悲夫！有如此之势，而为秦人积威之所劫，日削月割，以趋于亡。(苏洵《六国论》)

一人飞升，仙及鸡犬，信夫！(蒲松龄《促织》)

3. 盖

"盖"字是副词，表示"大概、大概是"，例如：

未几，敌兵果舁炮至，盖五六百人也。(徐珂《冯婉贞》)

尝贻余核舟一，盖大苏泛赤壁云。(魏学洢《核舟记》)

盖简桃核修狭者为之。（魏学洢《核舟记》）

"盖"字又是句首助词，仍带一些"大概"的意味，表示下边说的话是一种带推测性的断定，例如：

盖儒者所争，尤在于名实。（王安石《答司马谏议书》）
盖将自其变者而观之，则天地曾不能以一瞬；自其不变者而观之，则物与我皆无尽也。（苏轼《前赤壁赋》）

"盖"字又是连词，表示"因为"的意思，仍带推测性的断定，例如：

余是以记之，盖叹郦元之简，而笑李渤之陋也。（苏轼《石钟山记》）
及敌枪再击，寨中人又鹜伏矣。盖借寨墙为蔽也。（徐珂《冯婉贞》）

4. 乎

"乎"是语气词，表示疑问，略等于现代的"吗"。这是最常见的用法，例如：

若毒之乎？（柳宗元《捕蛇者说》）
汝亦知射乎？吾射不亦精乎？（欧阳修《卖油翁》）

有时候表示反问，例如：

求剑若此，不亦惑乎？（《吕氏春秋·刻舟求剑》）
览物之情，得无异乎？（范仲淹《岳阳楼记》）

有时候表示揣测，略等于现代的"吧"，例如：

莫如以吾所长攻敌所短，操刀挟盾，猱进鹜击，或能免乎？（徐珂《冯婉贞》）

助词"乎"字又表示停顿，没有什么意义，例如：

知不可乎骤得，托遗响于悲风。（苏轼《前赤壁赋》）

"乎"又是介词，等于"于"字，例如：

生乎吾前，其闻道也，固先乎吾，吾从而师之；生乎吾后，其闻道
也，亦先乎吾，吾从而师之。（韩愈《师说》）
叫嚣乎东西，隳突乎南北。（柳宗元《捕蛇者说》）

5. 其

"其"字是代词，等于现代的"他的、她的、它的、他们的、她们的、它
们的"，例如：

帝感其诚。（《列子·愚公移山》）
断其喉，尽其肉，乃去。（柳宗元《黔之驴》）

有时候，"其"字只能译成"他、她、它"等，不能译成"他的、她的、
它的"等。但是这些"其"字及其后面的动词（及其宾语）只构成句子的一
部分，不能成为完整的句子，例如：

未知其死也。（《史记·陈涉世家》）

不能单说"其死"。

其闻道也，固先乎吾。（韩愈《师说》）

不能单说"其闻道"。

惧其不已也。(《列子·愚公移山》)

不能单说"其不已"。

如果把现代汉语的"他死了"译成古代汉语的"其死矣",那是不合古代汉语语法的。

"其"字又等于说"其中的",例如:

邺三老、廷掾常岁赋敛百姓,收取其钱得数百万,用其二三十万为河伯娶妇。(褚少孙《西门豹治邺》)

因得观所谓石钟者。寺僧使小童持斧,于乱石间择其一二扣之。(苏轼《石钟山记》)

"其"字又可以译成"那个、这种",例如:

至其时,西门豹往会之河上。(褚少孙《西门豹治邺》)
臣窃以为其人勇士,有智谋。(《史记·廉颇蔺相如列传》)
有蒋氏者,专其利三世矣。(柳宗元《捕蛇者说》)

"其"字又是语气助词,放在句子开头或中间,表示揣测等语气,例如:

今其智乃反不能及,其可怪也欤!(韩愈《师说》)

6. 是

"是"字在古代汉语里,最普通的用法是用作代词,当"这、那"讲,例如:

孰知赋敛之毒有甚是蛇者乎?(柳宗元《捕蛇者说》)
是年谢庄办团。(徐珂《冯婉贞》)

"于、是"二字连用,表示"在这个地方、在这个时候"。有时候,"于是"的意思更空灵一些，表示后一事紧接前一事，例如：

> 于是集谢庄少年之精技击者而诏之曰。（徐珂《冯婉贞》）

上文说过，古代文言文一般不用判断词"是"字。在某些地方，虽然译成现代"是"字（判断词）似乎也讲得通，仍然应该译成"这、那"，例如：

> 是进亦忧，退亦忧。然则何时而乐耶？（范仲淹《岳阳楼记》）

这样，进也忧，退也忧，那么，什么时候才快乐呢？

7. 所

"所"字是结构助词，它经常跟动词结合，造成一个具有名词性质的结构，例如：

> 鲁直左手执卷末，右手指卷，如有所语。（魏学洢《核舟记》）
> 君子慎其所立乎？（《荀子·劝学》）
> 女亦无所思，女亦无所忆。（《木兰诗》）
> 可汗问所欲。（同上）
> 婉贞挥刀奋斫，所当无不披靡。（徐珂《冯婉贞》）

"所"字也可以跟形容词结合。但是，在这种情况下，形容词已变为带动词的性质，例如：

> 莫如以吾所长攻敌所短。（徐珂《冯婉贞》）

所长，等于说"所擅长"。所短，等于说"所欠缺"。

"所"字和动词的中间，也可以插进副词或介词，例如：

> 自张柴村以东道路皆官军所未尝行。（司马光《李愬雪夜入蔡州》）
> 是吾剑之所从坠。（《吕氏春秋·刻舟求剑》）

在现代汉语里，没有什么虚词能跟"所"字相当；因此，有时候就沿用古代的"所"字。有时候，人们用"的"字译"所"字，如把"何所思"译成"想的是什么"；有时候，人们用"什么……的"译"所"字，如把"如有所语"译成"好像有什么说的"。这些都只是译出大意，并不是说古代的"所"等于现代的"的"。

"所"字及其动词后面，有时候还可以跟着一个"者"字，例如：

> 所击杀者无虑百十人。（徐珂《冯婉贞》）

又可以跟着一个名词或名词性词组，例如：

> 乃丹书帛曰"陈胜王"，置人所罾鱼腹中。（《史记·陈涉世家》）

名词前面还可以加个"之"字，如"所罾之鱼"等。

特别要注意的是"所、以"二字连用。古代的"所以"不同于现代的"所以"。古代的"所以"，是追究一个为什么，或者说明为了什么，例如：

> 故君子居必择乡，游必就士，所以防邪僻而近中正也。（《荀子·劝学》）

君子居必择乡，游必就士，是为了防邪僻，近中正。

> 师者，所以传道受业解惑也。（韩愈《师说》）

老师，是为了传授道理，教给学业，解释疑难问题的。

> 余叩所以。（方苞《狱中杂记》）

我问这是为什么。

　　　　此所以染者众也。(方苞《狱中杂记》)

这就是染病人多的原因。
　　"所"字另一用法是跟"为"字呼应，表示被动，例如：

　　　　仅有敌船为火所焚。(周密《观潮》)

这种"所"字，在文言白话对译中，也是可以不必翻译的。

　　8. 为

　　"为"(wèi)是介词，有"给、替、为了、因为"等意思，例如：

　　　　苦为河伯娶妇。(褚少孙《西门豹治邺》)
　　　　愿为市鞍马，从此替爷征。(《木兰诗》)

　　"为"(wéi)也是介词，跟"所"字呼应，表示被动。这种"为"字可以译成"被"字，例如：

　　　　仅有敌船为火所焚。(周密《观潮》)
　　　　行将为人所并。(司马光《赤壁之战》)

　　"为"(wéi)又是语气助词，用在句末，往往与"何"字呼应，表示反问，例如：

　　　　如今人方为刀俎，我为鱼肉，何辞为？(《史记·鸿门宴》)

　　9. 焉

　　"焉"字等于介词"于"加代词"是"，放在一句的末尾，例如：

　　　　自此，冀之南，汉之阴，无陇断焉。(《列子·愚公移山》)

无陇断焉，无陇断于是，即冀南汉阴无陇断。

　　积水成渊，蛟龙生焉。(《荀子·劝学》)

蛟龙生焉，蛟龙生于是，即生于渊中。

　　去村四里有森林，阴翳蔽日，伏焉。(徐珂《冯婉贞》)

伏焉，伏于是，即伏于森林之中。
　　有时候，"焉"字并不表示"于是"的意思，只是用来煞句，例如：

　　寒暑易节，始一反焉。(《列子·愚公移山》)
　　句读之不知，惑之不解，或师焉，或不焉。(韩愈《师说》)

焉"字又是副词，表示反问。等于现代的"怎么"或"哪里"，例如：

　　且焉置土石？(《列子·愚公移山》)

10. 耶

　　"耶"又写作"邪"，是语气助词，表示疑问或反问。它比"乎"字语气较轻，略等于现代的"吗"，例如：

　　六国互丧，率赂秦耶？(苏洵《六国论》)

如果前面有疑问代词或疑问副词，则略等于现代的"呢"，例如：

　　又安敢毒耶？(柳宗元《捕蛇者说》)
　　何忧令名不彰耶？(刘义庆《世说新语·周处》)
　　岂可近耶？(柳宗元《童区寄传》)

主上宵旰，宁大将安乐时耶！（毕沅《岳飞》）

11. 也

"也"是语气助词，表示判断语气。在文白对译时，这种"也"字不必翻译，但是在译文中应该加一个判断词"是"字，例如：

陈胜者，阳城人也。（《史记·陈涉世家》）

陈胜是阳城人。

道之所存，师之所存也。（韩愈《师说》）

道之所在，就是师之所在。

此，劲敌也。（徐珂《冯婉贞》）

这是强大的敌人。

"也"字也可以解释疑问，说明原因，例如：

于是赵王乃斋戒五日，使臣奉璧，拜送书于庭。何者？严大国之威以修敬也。（《史记·廉颇蔺相如列传》）
强秦之所以不敢加兵于赵者，徒以吾两人在也。（同上）
吾所以为此者，以先国家之急而后私仇也。（同上）
臣所以去亲戚而事君者，徒慕君之高义也。（同上）

有时候，"也"字并非解释疑问或说明原因，而是表示简单的肯定和否定。这些地方可以翻译为"是……的"或"啊、呢"等，例如：

子子孙孙无穷匮也。（《列子·愚公移山》）
并力西向，则吾恐秦人食之不得下咽也。（苏洵《六国论》）

　　小学而大遗，吾未见其明也。（韩愈《师说》）

　　则吾斯役之不幸，未若复吾赋不幸之甚也。（柳宗元《捕蛇者说》）

有时候，"也"字不是用来煞句，而是用来引起下面的分句，例如：

　　惩山北之塞，出入之迂也，聚室而谋曰。（《列子·愚公移山》）

　　于其身也，则耻师焉，惑矣。（韩愈《师说》）

12. 以

"以"字的用法颇多，现在只讲四种比较常见的用法：

（1）最常见的用法是用作介词，表示"拿、用"的意思，例如：

　　何不试之以足？（《韩非子·郑人买履》）

　　以残年余力，曾不能毁山之一毛。（《列子·愚公移山》）

　　故人远我，欲以火器困我也。（徐珂《冯婉贞》）

（2）作为介词，表示"为了、因为、由于"，例如：

　　吾所以为此者，以先国家之急而后私仇也。（《史记·廉颇蔺相如列传》）

这是"为了"。

　　强秦之所以不敢加兵于赵者，徒以吾两人在也。（同上）

这是"因为"。

　　以我酌油知之。（欧阳修《卖油翁》）

这是"由于"。

（3）作为连词，表示目的，等于说"来"或"以便"，例如：

　　吾必尽吾力以拯吾村。（徐珂《冯婉贞》）

尽我的力量来救我的村子。

　　时墨者东郭先生将北适中山以干仕。（马中锡《中山狼传》）

去中山以便求官。

（4）作为连词，用法同"而"，可以译成"而且"，例如：

　　就其善者，其声清以浮，其节数以急。（韩愈《送孟东野序》）
　　古之君子，其责己也重以周，其待人也轻以约。（韩愈《原毁》）

13. 矣

"矣"字是语气助词，用在句末，等于现代的"了"或"啦"，例如：

　　舟已行矣。（《吕氏春秋·刻舟求剑》）
　　官军至矣！（司马光《李愬雪夜入蔡州》）
　　事急矣！（马中锡（中山狼传》）
　　我将逝矣。（同上）

14. 与

"与"字是连词，跟现代的"和"相当，例如：

　　吾与汝毕力平险。（《列子·愚公移山》）
　　尝与人佣耕。（《史记·陈涉世家》）

"与"又是介词，跟现代的"同"相当，例如：

此犹文轩之与敝舆也。(《墨子·公输》)

白沙在涅，与之俱黑。(《荀子·劝学》)

"与、其"二字连用，跟后面的"孰若"相应，用来比较两件事的利害得失，例如：

与其杀是僮，孰若卖之？与其卖而分，孰若吾得专焉？(柳宗元《童区寄传》)

"与"又读 yú（阳平声），后来又写成"欤"。这是语气助词，用在句末，表示疑问，跟"耶"的意思差不多，也可以译成"吗"或"呢"，例如：

不知周之梦为胡蝶与，胡蝶之梦为周与？(《庄子·齐物论》)

有时候，"与（欤）"又表示一种感叹语气或揣测语气，略等于现代的"啊"或"吧"，例如：

将有作于上者，得吾说而存之，其国家可几而理欤？(韩愈《原毁》)

15. 哉

"哉"是语气助词，用在句末，表示感叹。可译为"啊"，例如：

嘻，技亦灵怪矣哉！(魏学洢《核舟记》)

在多数情况下，"哉"字与疑问词相应，表示反问，但仍带感叹语气。可以译为"吗"或"呢"，例如：

先生岂有志于济物哉？(马中锡《中山狼传》)

禽兽之变诈几何哉？(蒲松龄《狼》)

16. 则

"则"是连词，表示两件事的先后相承的关系。可以译为现代的"就"，例如：

> 非死则徙尔。(柳宗元《捕蛇者说》)
> 其余，则熙熙而乐。(同上)

有时候，"则"字应该译成"那么、那么……就"，例如：

> 君不如肉袒伏斧质请罪，则幸得脱矣。(《史记·廉颇蔺相如列传》)
> 三十日不还，则请立太子为王，以绝秦望。(同上)
> 君将哀而生之乎？则吾斯役之不幸，未若复吾赋不幸之甚也。向吾不为斯役，则久已病矣。(柳宗元《捕蛇者说》)

17. 者

"者"字是结构助词，它经常附在动词或形容词的后面。组成名词性的结构。一般可把"者"字译成"的"，例如：

> 存者且偷生，死者长已矣！(杜甫《石壕吏》)

有时候，译成"的人"更合适些，例如：

> 募有能捕之者。(柳宗元《捕蛇者说》)
> 京中有善口技者。(林嗣环《口技》)

有时候，"者"字不再能译为"的"，它只是和前面的字合成一个名词，例如：

> 时墨者东郭先生将北适中山以干仕。(马中锡《中山狼传》)

向者霸上、棘门军，若儿戏耳。(《史记·周亚夫军细柳》)

"者"字又是语气助词，用于句末，等于现代的"似的"，例如：

言之，貌若甚戚者。(柳宗元《捕蛇者说》)

然往来视之，觉无异能者。(柳宗元《黔之驴》)

"者"字又放在小停顿的前面（在书面语言中放在逗号前面），表示下面将要有所解释，例如：

北山愚公者，年且九十，面山而居。(《列子·愚公移山》)

诸葛孔明者，卧龙也。(《三国志·隆中对》)

师者，所以传道受业解惑也。(韩愈《师说》)

开火者，军中发枪之号也。(徐珂《冯婉贞》)

如果要解释原因，也可以采取这个方式，例如：

强秦之所以不敢加兵于赵者，徒以吾两人在也。(《史记·廉颇蔺相如列传》)

吾所以为此者，以先国家之急而后私仇也。(同上)

18. 之

"之"字有两种主要用法：一种是用作代词，另一种是用作结构助词。

"之"字用作代词，表示"他、她、它、他们、她们、它们"，但是只能用在动词的后面，不能用在动词的前面，例如：

郑人有欲买履者，先自度其足而置之其坐。至之市，而忘操之。(《韩非子·郑人买履》)

有遗男，始龀，跳往助之。(《列子·愚公移山》)

注意：有些"之"字虽可解释为"它"，但不能翻译为"它"。现代汉语在这种地方用"它"就很别扭。这也是古今语法不同的地方，例如：

> "吾祖死于是，吾父死于是。今吾嗣为之十二年，几死者数矣。"言之，貌若甚戚者。（柳宗元《捕蛇者说》）

"之"指"吾祖死于是，吾父死于是……"这一件事。

> 以吾酌油知之。（欧阳修《卖油翁》）

"之"指手熟就能善射的道理。
有时候，甚至前面没有说到什么，也可以来一个"之"，例如：

> 怅恨久之。（《史记·陈涉世家》）
> 人非生而知之者，孰能无惑？（韩愈《师说》）
> 如有离违，宜别图之。（司马光《赤壁之战》）

"之"字用作结构助词，使名词和前面的词发生关系，略等于现代的"的"字，例如：

> 故不登高山，不知天之高也；不临深溪，不知地之厚也。（《荀子·劝学》）
> 生于高山之上，而临百仞之渊。（同上）

有时候，"之"字后面不是一个名词，而是颇长的一个结构，那么，这个结构也该认为带有名词的性质，例如：

> 则吾恐秦人食之不得下咽也。（苏洵《六国论》）

下文第五节讲到"句子的词组化"时，还要再讲这个问题。

第三节　句子的构成　判断句

一般的句子由主语和谓语两部分组成。主语部分是陈述的对象，谓语部分就是陈述的话，例如：

> 妇‖抚儿。（林嗣环《口技》）
> 黔‖无驴。（柳宗元《黔之驴》）

主语部分里的主要的词叫作主语；谓语部分里的主要的词叫作谓语，例如：

> 君之病‖在肠胃。（《韩非子·扁鹊见蔡桓公》）

病，主语。在，谓语。

> 公‖亦以此自矜。（欧阳修《卖油翁》）

公，主语。矜，谓语。

句子里除了主语和谓语以外，还常常要用一些词作连带成分。一般讲连带成分，指的是宾语、定语、状语。

宾语表示行为所涉及的人或物，一般放在动词的后面，如上面所举"抚儿"的"儿"、"无驴"的"驴"、"在肠胃"的"肠胃"。又如：

> 亮躬耕陇亩。（《三国志·隆中对》）
> 老翁逾墙走，老妇出门看。（杜甫《石壕吏》）

定语放在名词的前面，用来修饰、限制名词，例如上文所举"老翁"的"老"、"君之病"的"君"。又如：

> 阿爷无大儿，木兰无长兄。（《木兰诗》）

以刀劈狼首。(蒲松龄《狼》)

状语是动词、形容词前边的连带成分，用来修饰、限制动词，形容词的，例如上面所举"公亦以此自矜"的"亦、以此、自"，"晋陶渊明独爱菊"的"独"，"故人西辞黄鹤楼"的"西"。又如：

其剑自舟中坠于水。(《吕氏春秋·刻舟求剑》)
于厅事之东北隅施八尺屏障。(林嗣环《口技》)
儿含乳啼。(同上)
宾客意少舒。(同上)

由于谓语性质的不同，句子可以分为三类：叙述句；描写句；判断句。
叙述句以动词为谓语，例如：

诸将请所之。(司马光《李愬雪夜入蔡州》)
四鼓，愬至城下。(同上)

描写句以形容词为谓语，例如：

雄兔脚扑朔，雌兔眼迷离。(《木兰诗》)
夜半雪愈甚。(司马光《李愬雪夜入蔡州》)

判断句以名词为谓语，例如：

吴广者，阳夏人也。(《史记·陈涉世家》)
其巫，老女子也。(褚少孙《西门豹治邺》)

以上所述汉语句子的构成，大多数情况都是古今语法一致的，所以不详细加以讨论。现在只提出判断句来讨论一下，因为古代汉语的判断句和现代汉语的判断句是大不相同的。

在古代汉语里，判断句一般不是由判断词"是"字来表示的。最普通的判断句是在主语后面停顿一下（按现代的标点是用逗号表示），再说出谓语部分（即判断语），最后用语气词"也"字收尾，例如：

浙江之潮，天下之伟观也。（周密《观潮》）

浙江的海潮是天下雄伟的景象。

有时候，主语后面加上一个"者"字，更足以表示停顿，例如：

师者，所以传道受业解惑也。（韩愈《师说》）

有时候，判断语很短，虽然主语后面加上"者"字，"者"字后面也不停顿，例如：

杨诚斋诗曰"海涌银为郭，江横玉系腰"者是也。（周密《观潮》）

杨诚斋诗里说的"海涌银为郭，江横玉系腰"，就是指这样的景象。这里的"是"字不是判断词，而是代词，指这样的景象。

如果主语是个代词，中间一般就没有停顿（按现代的标点不加逗号），但是仍旧不用判断词"是"字，例如：

我区氏儿也。（柳宗元《童区寄传》）

我是区家的孩子。

此谋攻之法也。（《孙子·谋攻》）

这是用谋略攻取的方法。

谁可使者？（《史记·廉颇蔺相如列传》）

谁是可以出使的人？

有时候，句子开头有个"是"字，但这种"是"字不是判断词，而是代词（等于现代语的"这"），例如：

> 星坠木鸣，国人皆恐。曰：是何也？曰：无何也。是天地之变，阴阳之化，物之罕至者也。（《荀子·天论》）

"是"字都应翻译作"这是"。

有时候，句子里没有主语（主语省略了），只有谓语（判断语），更用不着判断词"是"字，例如：

> 对曰："忠之属也。"（《左传·曹刿论战》）

曹刿说："这种事是尽了本职的一类事情。"

> 虎见之，庞然大物也。（柳宗元《黔之驴》）

那驴是庞然大物。

> 旋见一白酋督印度卒约百人，英将也。（徐珂《冯婉贞》）

一会儿看见白人头子率领着大约一百名印度兵，那就是英国的军官。

有两个字能有判断词的作用：第一个是"非"字，第二个是"为"字。

"非"字可以认为一种否定性的判断词，略等于现代语的"不是"，例如：

> 人非生而知之者，孰能无惑？（韩愈《师说》）

"为"字可以认为一种肯定性的判断词，略等于现代语的"是"，例如：

> 自冯瀛王始印五经，已后典籍皆为板本。（沈括《活板》）

五代冯道时开始印五经，从此以后，书籍都是板印的本子。

若止印三二本，未为简易。（同上）

如果只印两三本，不能算是简便。

若印数十百千本，则极为神速。（同上）

如果印数十、数百、数千本，那就是非常快速的。

但是要注意：并不是所有的地方都用得上"为"字，例如"童寄者，郴州荛牧儿也"，在古代汉语里就很少人写成"童寄为郴州荛牧儿"，而且绝对没有人写成"童寄为郴州荛牧儿也"。

古代汉语里也不是绝对不用判断词"是"字。汉代以后，比较通俗的诗文还是用判断词"是"字的，例如：

翩翩两骑来是谁？（白居易《卖炭翁》）

两个骑马的人翩翩而来，他们是谁呀？

但是，就通常情况说，古代汉语是不用判断词"是"字的。这一点必须特别注意。

第四节 "倒装"句

古代汉语的句子和现代汉语的句子，结构方式不很一样。有时候，宾语放在动词的前面，若拿现代语的句法来比较，觉得用词的次序颠倒了，可以叫作倒装句。不过，在古人看来，却并非"倒装"，因为古代这种句法是正常的句法。现在分为四种情况来讲：

（1）疑问句 在古代汉语的疑问句里，如果宾语是个代词，它就放在动词或介词的前面，例如：

卿欲何言？（司马光《赤壁之战》）

你想说什么？

> 客何为者？（《史记·鸿门宴》）

这客人是干什么的？

介词"与、以"本来有动词性，它的宾语也该放在它的前面，例如：

> 微斯人，吾谁与归？（范仲淹《岳阳楼记》）

不是这样的人，我跟谁在一起呢？

> 何以知之？（《史记·廉颇蔺相如列传》）

你凭什么知道呢？

注意：宾语必须是个代词，然后可以"倒装"。如果宾语不是代词，就不能"倒装"。

（2）否定句　在古代汉语否定句里，如果宾语是个代词，它就放在动词前面，例如：

> 古之人不余欺也。（苏轼《石钟山记》）

古人不骗我。

> 每自比于管仲、乐毅，时人莫之许也。（《三国志·隆中对》）

当时没有谁承认他能比管仲、乐毅。

> 城中皆不之觉。（司马光《李愬雪夜入蔡州》）

城里人都不觉察它。"它"指官兵进城这回事。

注意一：宾语必须是代词，然后可以"倒装"。如果宾语不是代词，即使是否定式，也不能"倒装"，例如"不闻爷娘唤女声"（《木兰诗》）不能说成"不爷娘唤女声闻"。"遂不得履"（《韩非子·郑人买履》）也不能说成"遂不履得"。

注意二：否定词必须是直接放在代词宾语前面的，然后宾语可以"倒装"。如果句中虽有否定词但不是直接放在代词宾语前面，就不能"倒装"，例如：

> 板印书籍，唐人尚未盛为之。（沈括《活板》）

不能说成"未盛之为"。

> 不以木为之者，文理有疏密，沾水则高下不平。（同上）

不能说成"不以木之为"。

（3）是以　"是以"这个词组也算"倒装"，因为"是以"是"以是"的颠倒，是"因此"的意思（是＝此；以＝因），例如：

> 今在骨髓，臣是以无请也。（《韩非子·扁鹊见蔡桓公》）

（4）之、是　"之"和"是"是使句子"倒装"的一种手段。说话人把宾语提到动词前面去，只要把"之"或"是"插在宾语和动词的中间就行了，例如：

> 富而使人分之，则何事之有？（《庄子·天地》）

富而让人分享，还有什么事呢？

> 唯余马首是瞻。（《左传·襄公十四年》）

只看我的马头。

以上所述的"倒装"句都是上古时代的语法。到了中古以后，口语已经变为"顺装",但是在文人的作品里,这种"倒装"句还是沿用下来了。

第五节 句子的词组化

两个或更多的词的组合,叫作词组。词和词并列地联合起来,叫作联合词组,如"工农"。定语、状语、补语和中心词组合起来,叫作偏正词组,如"中国人民的革命斗争"。动词和宾语组合起来,叫作动宾词组,如"战胜敌人"。主语和谓语组合起来做句子的一个成分的,叫作主谓词组,如"人民相信革命一定会胜利","我们不知道你来"。

在古代汉语里(特别是上古汉语里),主谓词组很少。凡主语和谓语组合起来,往往算是一个句子;如果要使它词组化,作为主语或宾语,还得在主语和谓语之间加上一个"之"字,使它变为偏正词组,例如《史记·廉颇蔺相如列传》"即患秦兵之来",若依现代汉语语法,只说"就怕秦兵来"就行了("秦兵来"在这里是个主谓词组);但若依上古汉语语法,"即患秦兵来"不成话,必须说成"即患秦兵之来"("秦兵之来"是偏正词组)。我们从古代汉语译成现代汉语的时候,可以省去"之"字不译,只译成"就怕秦兵来",但是,我们讲古代汉语语法的时候,仍应了解为"就怕秦兵的到来",看成偏正词组。这又是古代汉语的重要特点之一。

既然古代汉语的主语和谓语结合起来一般地只构成句子而不构成词组,那么这种在主语和谓语中间插进一个"之"字的方式也就可以称为词组化,例如:

> 故不登高山,不知天之高也;不临深溪,不知地之厚也;不闻先王之遗言,不知学问之大也。(《荀子·劝学》)
> 且夫水之积也不厚,则其负大舟也无力。(《庄子·逍遥游》)
> 吾师道也,夫庸知其年之先后生于吾乎?(韩愈《师说》)
> 师道之不传也久矣!欲人之无惑也难矣!(同上)
> 呜呼!师道之不复,可知矣。(同上)
> 悍吏之来吾乡,叫嚣乎东西,隳突乎南北。(柳宗元《捕蛇者说》)
> 岂若吾乡邻之旦旦有是哉!(同上)
> 比吾乡邻之死则已后矣。(同上)

有时候，词组化了以后，并不作为主语，也不作为宾语，只作为不完全句，表示感叹，例如：

> 医之好治不病以为功！（《韩非子·扁鹊见蔡桓公》）
> 天之亡我，我何渡为！（《史记·项羽本纪》）

这是天要我灭亡，我还渡江做什么！

这种表示感叹的不完全句，中古以后就很少见了。

"其"字的意义是"××之"，所以"其"字的作用和"之"字的作用一样，也能使主谓形式词组化，例如：

> 操蛇之神闻之，惧其不已也。（《列子·愚公移山》）

"其不已"是"惧"的宾语。

> 秦王恐其破璧。（《史记·廉颇蔺相如列传》）

"其破璧"是"恐"的宾语。

第六节　双宾语

在现代汉语"给他书"这个结构里，共有两个宾语：第一个宾语是"他"，因为它和动词接近，叫作近宾语；第二个宾语是"书"，因为它距离动词较远，叫作远宾语。近宾语是个代词，远宾语是个名词。

在古代汉语里，"给他书"可以译成"与之书"。这类结构是常见的。但是，在古代并不限于说给予的时候才用双宾语。双宾语在古代汉语里的应用，比现代汉语还要广泛些，例如：

> 议不欲予秦璧。（《史记·廉颇蔺相如列传》）

秦，近宾语。璧，远宾语。

> 相如视秦王无意偿赵城。（同上）

赵，近宾语。城，远宾语。

> 问之民所疾苦。（褚少孙《西门豹治邺》）

之，近宾语。民所疾苦，远宾语。

> 使人遗赵王书。（《史记·廉颇蔺相如列传》）

赵王，近宾语。书，远宾语。

> 取吾璧，不予我城，奈何？（同上）

我，近宾语。城，远宾语。

双宾语中的近宾语，往往用"我、之"等字。当译成现代汉语时，可以译为"给我、给他、为了我、为了他、对我、对他"等。

第七节　省略

古代汉语另有一种结构也显得比现代汉语简单些，那就是所谓省略。"省略"是省掉句子里的一个部分，如省掉主语（《晏子使楚》"对曰'〔　　〕齐人也'"）；或者是省掉一个词。这里我们专讲省略一个词的情况，因为这种省略不但是常见的，而且是容易忽略的。

(1)"于"字的省略

动宾词组中，宾语如果是代词（有时候是名词），而后面的介词结构是"于"字加名词，那么，这个"于"字往往省略，例如：

　　西门豹往会之河上。(褚少孙《西门豹治邺》)

等于说"会之于河上"。

　　复投一弟子河中。(同上)

等于说"投一弟子于河中"。

　　以区区百人,投身大敌。(徐珂《冯婉贞》)

等于说"投身于大敌"。
　　如果谓语是个不及物动词,谓语后面的介词是"于"字加名词,这个
"于"字也往往省略,例如:

　　皆衣缯单衣,立大巫后。(褚少孙《西门豹治邺》)

等于说"立于大巫后"。
　　如果谓语是个形容词,谓语后面的介词是"于"字加名词或名词性词组,
介词结构表示"在……方面",这个"于"字也往往省略,例如:

　　西人长火器而短技击。(徐珂《冯婉贞》)

等于说"长于火器而短于技击"。

　　火器利袭远,技击利巷战。(同上)

等于说"火器便于袭远,技击便于巷战"。
　　如果谓语是个形容词,而介词结构表示比较,"于"字也往往省略,
例如:

　　是儿少秦武阳二岁。(柳宗元《童区寄传》)

等于说"少于秦武阳二岁"。

（2）介词后面代词的省略

介词如果是个"为"字（读 wèi，为着、为了），或者是个"以"字，介词后面是个代词（一般是"之"字），这个代词可以省略，例如：

女居其中。为具牛酒饭食。(褚少孙《西门豹治邺》)

等于说"为之具牛酒饭食"。

愿为市鞍马，从此替爷征。(《木兰诗》)

等于说"愿为此买鞍马"。

愿以闻于官。(柳宗元《童区寄传》)

等于说"愿以之闻于官"。

所谓省略，其实只是习惯上容许的另一种结构。不能了解为非正式的、例外的。"为具牛酒饭食"，并不比"天子为之具牛酒饭食"更少见，"愿以闻于官"并不比"愿以之闻于官"更少见。"于"字的省略，也同样不能了解为非正式。

本章讲的是古代汉语语法，特别着重讲了古今语法不同之点。为了便于初学，叙述得特别简单。如果要深入研究古代汉语语法还要看一些专书。